Seu corpo, sua casa

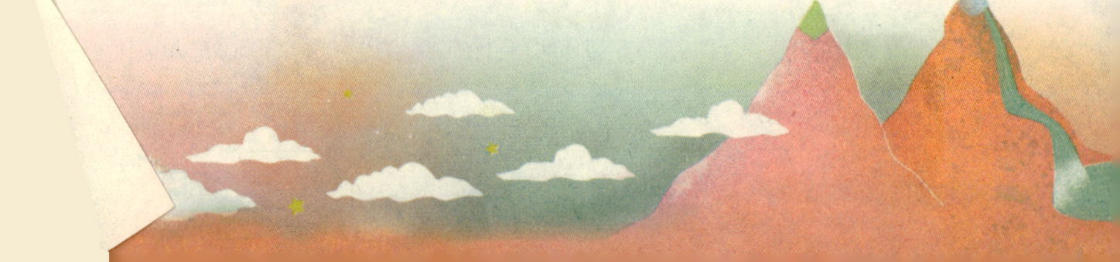

Seu corpo, sua casa

Práticas e exercícios de meditação
para ativar a consciência
e abrir o coração

OSHO

SEXTANTE

Título original: *Coming Home to Yourself*
Copyright © 2020 por Osho International Foundation,
www.osho.com/copyrights
Copyright da tradução © 2022 por GMT Editores Ltda.

Esta edição foi publicada mediante acordo com Harmony Books, selo da Penguin Publishing Group, uma divisão da Penguin Random House, LLC.

O material deste livro foi selecionado a partir de palestras do autor. Todas as conversas de Osho foram publicadas em livros e também estão disponíveis em áudio. Visite a biblioteca do autor: www.osho.com

OSHO® é uma marca registrada da Osho International Foundation,
www.osho.com/trademarks.

Todos os direitos reservados. Nenhuma parte deste livro pode ser utilizada ou reproduzida sob quaisquer meios existentes sem autorização por escrito dos editores.

tradução: Beatriz Medina
preparo de originais: Melissa Lopes Leite
revisão: Hermínia Totti e Pedro Siqueira
diagramação: Gustavo Cardozo
ilustrações de capa e miolo: Cecilia Turchelli
capa: Sonia Persad
impressão e acabamento: Cromosete Gráfica e Editora Ltda.

CIP-BRASIL. CATALOGAÇÃO NA PUBLICAÇÃO
SINDICATO NACIONAL DOS EDITORES DE LIVROS, RJ

O91s

    Osho, 1931-1990
        Seu corpo, sua casa / Osho ; tradução Beatriz Medina. - 1. ed. - Rio de Janeiro : Sextante, 2022.
        144 p. : il. ; 21 cm.

        Tradução de: Coming home to yourself
        ISBN 978-65-5564-353-4

        1. Corpo e mente. 2. Meditação. 3. Vida espiritual. I. Medina, Beatriz. II. Título.

22-75887   CDD: 299.93
                                                        CDU: 299.93

Meri Gleice Rodrigues de Souza - Bibliotecária - CRB-7/6439

Todos os direitos reservados, no Brasil, por
GMT Editores Ltda.
Rua Voluntários da Pátria, 45 – Gr. 1.404 – Botafogo
22270-000 – Rio de Janeiro – RJ
Tel.: (21) 2538-4100 – Fax: (21) 2286-9244
E-mail: atendimento@sextante.com.br
www.sextante.com.br

SUMÁRIO

Como usar este livro	8
Uma certeza	10
Um convite	12
Estar consciente é o segredo	16
Uma única estratégia	19
Experimente!	20
Consciente de quem você é e de onde está	24
O tesouro escondido	28
Encare sua realidade	32
Os três princípios	38
Um método rápido: Tensione... e solte!	40
Meditação: relaxamento absoluto	42
Um método para se livrar de tensões e bloqueios	44
Conectar-se com o corpo e a respiração	46
Primeiros passos na arte de observar	52
O método: A meditação nataraj de Osho	56

Despertar os sentidos: Visão	57
Identificação: o problema básico	60
O método: Encontre sua meditação	62
A natureza tem que se tornar sua meditação	64
O método: Abrindo o coração	67
Tornar-se amor, tornar-se luz	68
O método: Encha-se de energia amorosa	72
Aceite-se... e relaxe em sua totalidade!	74
O método: Relaxe antes de dormir	77
Um bom uso da respiração	80
Um método para lidar com o caos e a confusão	82
Esvazie o lixo da mente	86
O método: Jogue fora as tensões da mente	88
Meditação do riso para despertar	90
O método: Ria com totalidade	92
Viver divertidamente	94
O método: Momentos de meditação inconsciente	97
Raízes e asas	100
A estratégia: Crie um equilíbrio dinâmico	104

Despertar os sentidos: Audição	106
O método: Desenvolva a arte de escutar	108
O poder de ser neutro	110
A única maneira de ficar sem pensamentos	112
Ative sua consciência	114
O método: Apenas observe	115
Uma xícara de meditação	116
Meditação em qualquer lugar	120
O método: Leve o sabor consigo	123
Sua natureza essencial	126
Está em suas mãos	130
A busca da verdade	134
Silêncio sem esforço	136
Epílogo	139
Sobre Osho	141

COMO USAR ESTE LIVRO

Dirija-se com integridade e totalidade até o centro do seu ser. E você terá voltado para casa.

Todos nós já vivenciamos momentos em que temos a forte sensação de "voltar para casa" – quando nos sentimos relaxados, ancorados, livres da inquietação que caracteriza uma boa parte de nossa vida cotidiana. Esse sentimento pode surgir em meio à natureza ou quando mergulhamos fundo em qualquer atividade que apreciamos, sozinhos ou junto de pessoas que amamos. Por mais que nós, como indivíduos, sejamos únicos e diferentes uns dos outros, esses instantes especiais que experimentamos têm em comum a certeza de que estamos exatamente onde deveríamos estar.

Com textos selecionados a partir das centenas de palestras públicas e conversas íntimas de Osho, este livro foi pensado para servir como um companheiro na jornada que visa transformar nossos raros momentos de "volta para casa" numa corrente em fluxo constante, permeando todos os aspectos da vida.

Seu corpo, sua casa oferece uma orientação geral sobre meditação, ensina técnicas específicas, propõe reflexões sobre os hábitos que nos mantêm tensos e em conflito e apresenta um vislumbre de como seria a vida se conseguíssemos reconhecer esses hábitos e nos livrar deles.

Na verdade, "Como usar este livro" fica a seu critério. Se for o tipo de pessoa que gosta de ler o manual antes de usar o equipamento, você pode fazer isso e ler o livro inteiro antes de experimentar as técnicas. Se for do tipo que vai direto para a atividade a fim de verificar o que acontece, também pode fazer isso – embora talvez você queira voltar para ler as partes que pulou e ver como sua experiência se encaixa no que foi descrito.

UMA CERTEZA

Se você pular no rio da consciência interior, conseguirá nadar, porque nadar é um fenômeno natural. Não é necessário aprender. Não estou falando do rio e da natação do mundo exterior; lá você pode se afogar. Mas, no rio da consciência interior, no fluxo da consciência, você já sabe naturalmente o que fazer. Já viu algum peixe aprender a nadar?

Certa vez, o mulá Nasrudin estava pescando num lugar onde a pesca era proibida. O guarda chegou de repente e o pegou no flagra, no momento em que tirava um peixe da água. Imediatamente, Nasrudin jogou o peixe de volta e ficou sentado ali, sem se perturbar. O guarda se aproximou e perguntou:

– O que está fazendo, mulá?

O mulá respondeu:

– Ensinando esse peixe a nadar.

Ora, nenhum peixe precisa aprender a nadar. O peixe nasce naquele ambiente; nadar, para ele, é como respirar. Por acaso alguém ensinou você a respirar?

Não precisa ter medo. Se estiver disposto a confiar, a pular no fluxo de sua consciência, você conseguirá nadar. O pior que pode acontecer é você boiar por um longo trecho até que um pescador o tire de lá. Mas não tem como se afogar. Você pertence à consciência; faz parte desse fluxo.

UM CONVITE

Bem-aventurança não é prazer; o prazer é físico, momentâneo. Bem-aventurança também não é felicidade; a felicidade é psicológica – um pouco mais profunda que o prazer, mas só um pouco. O prazer está só na superfície, e a felicidade não chega nem a penetrar a pele; é só raspar que ela desaparece. Ela não tem raízes, fica só na mente.

A bem-aventurança não é do corpo nem da mente, daí sua profundidade infinita. É sua própria alma, sua própria natureza, seu ser. O prazer vem e vai; a felicidade aparece e desaparece. Mas a bem-aventurança é para sempre. Mesmo quando não estamos cientes dela, ela está lá, como água subterrânea; basta cavar para encontrá-la.

E o meu trabalho aqui é justamente este: ajudar a cavar um poço dentro do seu ser para que você encontre a corrente subterrânea da bem-aventurança.

Quando cavar profundamente dentro de si, primeiro você

encontrará a verdade, depois a consciência e, em seguida, a bem-aventurança. A bem-aventurança é a camada mais profunda – e a mais elevada.

Deus é só um nome da bem-aventurança. Deus não é uma pessoa. A ideia de Deus como pessoa desencaminhou a humanidade. Em vez disso, Deus é uma experiência, a experiência que está além do corpo e da mente, a experiência do que se esconde em você e sempre esteve aí. Você não tem que criá-la; não precisa procurá-la em nenhum outro lugar; só precisa mergulhar fundo dentro de si mesmo.

Procurar significa voltar-se para dentro, explorar sua interioridade. Não sou contra o que há no exterior, mas, se você não conhece sua interioridade, se não conhece seu mundo interior, seu exterior não pode ser muito belo. Você só pode ter profundidade, beleza e alegria se estiver enraizado em suas próprias fontes.

Se uma árvore quiser chegar bem alto no céu, tocar as estrelas e cochichar com as nuvens, a primeira coisa que terá que fazer será chegar igualmente fundo na terra com suas raízes, o mais fundo possível.

Quanto mais profundas as raízes, mais alto a árvore consegue subir. E o mesmo se aplica ao nosso interior e ao nosso exterior: quanto mais fundo as raízes forem no interior, maior será o nosso alcance no exterior.

Se suas raízes estiverem realmente tocando sua fonte de

bem-aventurança, seus galhos, no lado de fora, vão florescer.

No passado, as religiões tentaram criar uma divisão entre o lado de fora e o lado de dentro, numa atitude reacionária. Por verem as pessoas preocupadas demais com as coisas mundanas, com o lado de fora, elas se voltaram para o polo oposto: tornaram-se excessivamente preocupadas com o lado de dentro. Mas criaram uma cisão, e essa cisão tem sido uma das maiores calamidades de nosso tempo, gerando uma humanidade esquizofrênica.

O lado de fora e o lado de dentro parecem inimigos um para o outro; eles se veem como adversários. O que está no mundo de fora é o pecador; o que está no mundo de dentro é o santo.

O ser humano completo precisa ser as duas coisas juntas: deve estar no mundo mas não *ser* dele, com raízes no interior e flores no exterior. Você não precisa fugir para o Himalaia ou para os mosteiros; tem que viver no mercado e ainda assim seguir em silêncio, com paz, com amor, meditativamente. Essa é a única maneira de se tornar completo. E ser completo é ser sagrado.

O interior não é a única dimensão do sagrado; o exterior também é. Mas, certamente, primeiro as raízes têm que se desenvolver, para depois surgirem os galhos. Se uma árvore crescer sem raízes, ela vai cair, não vai se sustentar.

Assim, para ser completo, o ser humano precisa se tornar, primeiro, mais e mais meditativo, mais e mais bem-aventurado; depois, naturalmente, começará a criar uma nova folhagem no lado de fora, ficará mais verde, subirá mais alto. E quando as raízes forem nutridas pela bem-aventurança interior, os galhos estarão, mais cedo ou mais tarde, fadados a se sobrecarregar de flores. Este é o momento em que a pessoa se torna um buda.

ESTAR CONSCIENTE É O SEGREDO

Mas no início é preciso se esforçar

Eu vejo em você infinitas possibilidades. Então, em vez de pôr sua energia em trivialidades, dirija-a para uma única coisa. É assim que você se torna mais alerta e vive de modo consciente, deliberadamente presente.

No início, você terá que se esforçar para ficar consciente. Depois que o esforço penetrar e transformar uma parte do seu ser, aí você não precisará mais se preocupar. Uma vez que essa parte se torna consciente, ela permanece consciente; não pode voltar atrás – é um caminho sem volta. Aí você poderá trabalhar em outra parte do seu ser, e aos poucos, centímetro a centímetro, começará a penetrar em seu próprio palácio. E quanto mais fundo for, mais bem-aventurado você se tornará. O dia em que todo o seu ser se enche de luz é um dia de júbilo.

Jesus afirmou: "O Reino de Deus está dentro de vós. Mas vigiai." Certa vez, alguém lhe perguntou o que ele queria dizer com isso. Jesus respondeu: "É como o homem que partiu numa longa viagem. Ele instruiu seus servos: 'Vigiai, porque posso voltar a qualquer momento e não gostaria que estivésseis dormindo quando eu chegar.' Ele não lhes disse quando chegaria: se amanhã, depois de amanhã, este mês, mês que vem, este ano ou no ano seguinte. Os servos tiveram que ficar vigilantes o tempo todo, porque seu senhor poderia chegar a qualquer momento."

Portanto, o melhor é estarmos sempre vigilantes, porque Deus pode chegar a qualquer momento. Vigiai! Quando você está vigilante, é como se enviasse um convite a Deus.

Com "Deus" quero dizer simplesmente toda a energia que já se tornou consciente em existência. Não estou falando do Deus cristão, o que criou o mundo. Estou falando de toda a energia de todos os budas. Cristo é um buda, assim como Maomé. A energia de todas as pessoas que se tornaram iluminadas está em existência e continua aumentando. Cada pessoa iluminada despeja nela seu ser; Deus é isso. A consciência total que já aconteceu em existência; Deus é isso.

Se você fizer um esforço para se tornar vigilante, para se tornar consciente, essa consciência começará a fluir em sua direção, porque os semelhantes se atraem. Se estiver inconsciente, então o inconsciente fluirá em sua direção. Assim, com um pequeno esforço para se tornar consciente, você descobrirá que a proporção de coisas que acontecem com você é muito maior que o esforço que está fazendo – é aí que você começa a sentir a ajuda da existência, nunca o contrário.

Quando você faz um pequeno esforço e vê que o resultado é tão maior que o esforço feito, então, pela primeira vez, toma consciência de que a existência flui em sua direção. É isso que chamam de graça. Quando o supremo acontece, ele não é proporcional ao seu esforço. Você só pediu uma gota, e o oceano inteiro se despejou em seu ser.

UMA ÚNICA ESTRATÉGIA

Estou lhe passando apenas uma coisa que precisa ser exercitada dentro do seu coração: ficar mais alerta. Não importa o que fizer, faça-o com mais consciência.

Ao andar na rua, ande com mais consciência, mantenha-se atento à caminhada. Ao respirar sem fazer nada, só respire, ciente de que está respirando. O ar entra: esteja consciente disso. O ar sai: esteja consciente disso.

Faça de cada oportunidade um mecanismo para se tornar mais consciente, e logo cada vez mais consciência fluirá para você, inundará você, com mais abundância do que se esforçou para ter. Então, você verá que as mãos do divino o ajudam. E, quando essas mãos são vistas, surge a confiança. E aí você sabe que não está sozinho.

EXPERIMENTE!

Você vem buscando e procurando há muitas vidas, mas nunca foi persistente. Já começou e parou muitas vezes. Tentou cavar o poço, mas nunca foi até o fim. Então cavou muitos buracos, mas a água nunca veio. Desta vez, faça um esforço deliberado. A meditação pode trazer grandes prazeres, enormes bênçãos, mas é preciso se dedicar.

Começar é difícil, e perseverar é mais difícil ainda, porque a mente hesita. Um dia, ela diz: "Não acontece nada, por que me dar ao trabalho?", ou "Amanhã eu faço", ou "Hoje tenho muitas outras tarefas". A mente segue adiando, mas a meditação requer um esforço contínuo, porque é um fenômeno muito delicado. Ela não é como uma pedra, mas como a água caindo: se cair continuamente, até as pedras quebrarão, e essa continuidade é fundamental. Trata-se de uma energia muito suave e feminina. Se houver continuidade, persistência, aos poucos tudo o que estiver atrapalhando vai desaparecer.

No princípio, as coisas que bloqueiam o caminho são muito duras e parece quase impossível que a meditação possa vencê-las. Os pensamentos parecem mais fortes; a mente se mostra muito teimosa e obstinada. Você tenta ficar em silêncio e nada acontece; na verdade, assim que tenta ficar em silêncio, mais pensamentos surgem. Quando eles veem que você os desafia, lutam com todas as forças e lhe provam que não é possível, que você deveria desistir de todo o esforço, que o projeto inteiro é uma bobagem.

Assim, nesse começo, o inimigo é fortíssimo, e a energia amiga é muito suave e delicada, quase invisível, intangível, muito fugidia. A mente tende a se render ao inimigo. Mas, se a pessoa consegue persistir, em poucos meses algo começa a acontecer. Trata-se apenas de manter um esforço constante, várias e várias vezes, sem dar ouvidos à mente.

Mesmo que não aconteça nada, não se preocupe. Você dorme a vida inteira e nada aconteceu. Você toma seu banho todo dia e nada aconteceu, mas mesmo assim você continua tomando seu banho: ele limpa, faz bem. Exatamente da mesma maneira, permita que a meditação passe a fazer parte de seu cotidiano, dedicando a ela uma hora por dia, todo dia. Em seis a doze meses você perceberá algo valiosíssimo.

Experimente todos os tipos de meditação e escolha um deles – o que tocar mais fundo e entrar em sintonia com você. Depois disso, continue praticando durante pelo menos um ano, e muita coisa se tornará possível.

*A menos que seu interior e seu exterior
se tornem um só,
você permanecerá incompleto –
e incompletude é sofrimento.
Só na completude há bem-aventurança.
Só na completude você volta para casa.*

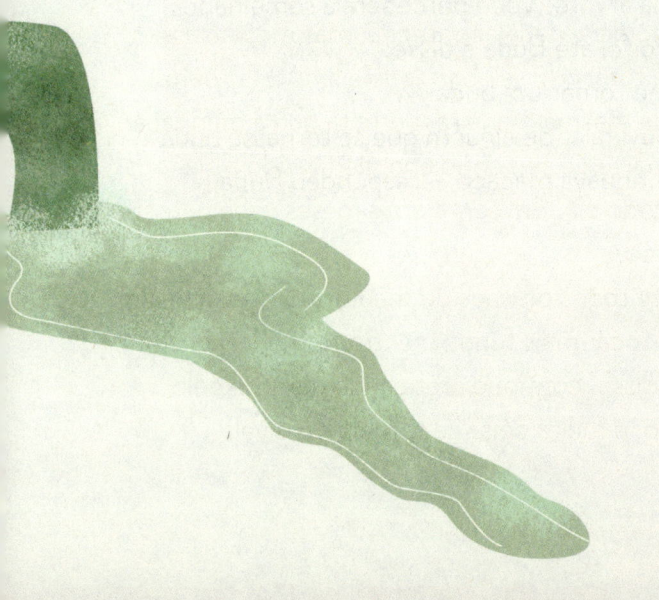

CONSCIENTE DE QUEM VOCÊ É
e de onde está

Vou contar uma linda história budista de um macaco que procurou Buda. Nela, o macaco representa o homem, a mente. Charles Darwin veio a saber disso muito, muito tarde, mas no Oriente sempre soubemos que o homem veio do macaco, porque ele é como os macacos. Basta reparar na tagarelice constante da mente humana e depois observar um macaco na árvore. Você perceberá a semelhança.

Um macaco foi até Buda e disse:

– Quero me tornar um buda.

– Nunca ouvi falar de alguém que se tornasse buda enquanto continuava macaco – respondeu Buda.

– Você não conhece meus poderes. Não sou um macaco comum.

Nenhum macaco se acha comum; todos se acham extraordinários. Isso faz parte de sua macaquice.

Ele insistiu:

– Eu sou o rei dos macacos.

Então, Buda perguntou:

– Que poderes excepcionais ou extraordinários você tem? Pode me mostrar?

– Posso pular até o fim do mundo – respondeu o macaco.

Ele viera pulando o caminho todo pelas árvores. De fato sabia pular.

– Tudo bem – disse Buda. – Suba na palma da minha mão e pule até o fim do mundo.

O macaco tentou e tentou, e era mesmo um macaco

muito poderoso, muito intenso. Ele partiu como uma flecha; foi indo, indo e indo. Anos se passaram. Então o macaco chegou ao fim do mundo.

Ele riu e disse:

– Veja só! O fim do mundo!

Olhou para baixo e viu um abismo: lá, cinco pilares marcavam a fronteira com o fim do mundo. Agora, ele tinha que voltar, mas como provar que estivera naqueles cinco pilares? Resolveu então urinar num deles para marcá-lo.

Anos se passaram e ele voltou. Quando encontrou Buda, declarou:

– Estive no verdadeiro fim do mundo e lá deixei minha marca.

Mas Buda disse:

– Olhe em volta.

O macaco não tinha se movido. Aqueles cinco pilares eram os cinco dedos de Buda, e estavam fedendo a xixi! O macaco apenas ficara lá de olhos fechados – devia ter sonhado.

A mente é um macaco de olhos fechados, sonhando. Você nunca foi a lugar nenhum, sempre esteve aqui e agora, porque nada mais existe. Abra os olhos. Simplesmente abra os olhos e olhe em volta. De repente, você vai rir.

Você sempre esteve enraizado no ser supremo; não há necessidade de fusão. A única necessidade é estar atento a onde você está, a quem você é.

O TESOURO ESCONDIDO

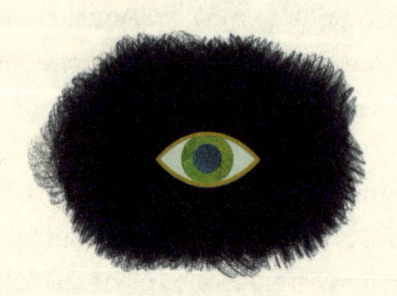

Muita gente nunca vem a conhecer a própria consciência; ela é um tesouro escondido. Você não sabe o que ela contém a menos que a desperte, a menos que a traga para a luz, que abra todas as portas e entre em seu próprio ser.

A consciência plena lhe dará a noção de quem você é, de qual é o seu destino, de aonde deveria ir, de quais são suas capacidades. Você esconde em seu coração um poeta, um cantor, um dançarino, um místico?

A consciência é um tanto parecida com a luz. Neste momento, você está em profunda escuridão interior. Quando fecha os olhos, é tudo breu.

C. E. M. Joad, um dos grandes filósofos do Ocidente, estava morrendo, e um amigo que era discípulo de George Gurdjieff foi visitá-lo. Joad perguntou ao amigo:

— O que você anda fazendo com esse sujeito estranho, esse George Gurdjieff? Por que desperdiça seu tempo? E não só você; ouvi dizer que muita gente está perdendo tempo com ele.

O amigo riu e respondeu:

— É estranho que essas poucas pessoas que estão com Gurdjieff achem que o mundo inteiro desperdiça seu tempo, e que você ache que nós é que desperdiçamos nosso tempo.

— Não me resta muito tempo de vida – disse Joad –, senão eu iria conferir por mim mesmo.

— Ainda que você só tenha alguns segundos para viver, isso pode ser feito aqui e agora.

Joad se interessou. O amigo sugeriu:

— Feche os olhos e olhe apenas para dentro. Depois, abra-os e me diga o que encontrou.

Joad fechou os olhos, depois os abriu e declarou:

— Só há escuridão e nada mais.

O amigo riu e comentou:

— Agora não é hora de rir, porque você está quase morrendo, mas parece que cheguei na hora certa. Então você só viu escuridão aí dentro?

— Sim – respondeu Joad.

O amigo prosseguiu:

— Ora, você é um filósofo tão fantástico e escreveu livros tão bonitos. Não consegue ver a grande questão? Que há duas coisas: você e a escuridão? Senão, quem viu

C. E. M. JOAD

GEORGE GURDJIEFF

a escuridão? A escuridão não pode ver a si mesma, isso é certo, e a escuridão não pode dizer que só há escuridão.

Joad pensou a respeito e disse:

— Meu Deus, talvez os seguidores de Gurdjieff não estejam desperdiçando seu tempo. É verdade, *eu* vi a escuridão.

— Todo o nosso esforço deve ser tornar esse "eu", a testemunha, mais forte e cristalizado, e transformar a escuridão em luz. Ambas as coisas acontecem simultaneamente. Conforme a testemunha se torna mais e mais centrada, a escuridão fica cada vez menor. Quando a testemunha chega ao desabrochar pleno, que é o lótus da consciência, toda a escuridão desaparece.

Traga cada vez mais cristalização à sua testemunha, à sua consciência, de modo que seu ser interior, sua interioridade, se torne uma luz tão forte e transbordante que você possa dividi-la com os outros.

Estar na escuridão é viver o mínimo. E estar cheio de vida é viver o máximo.

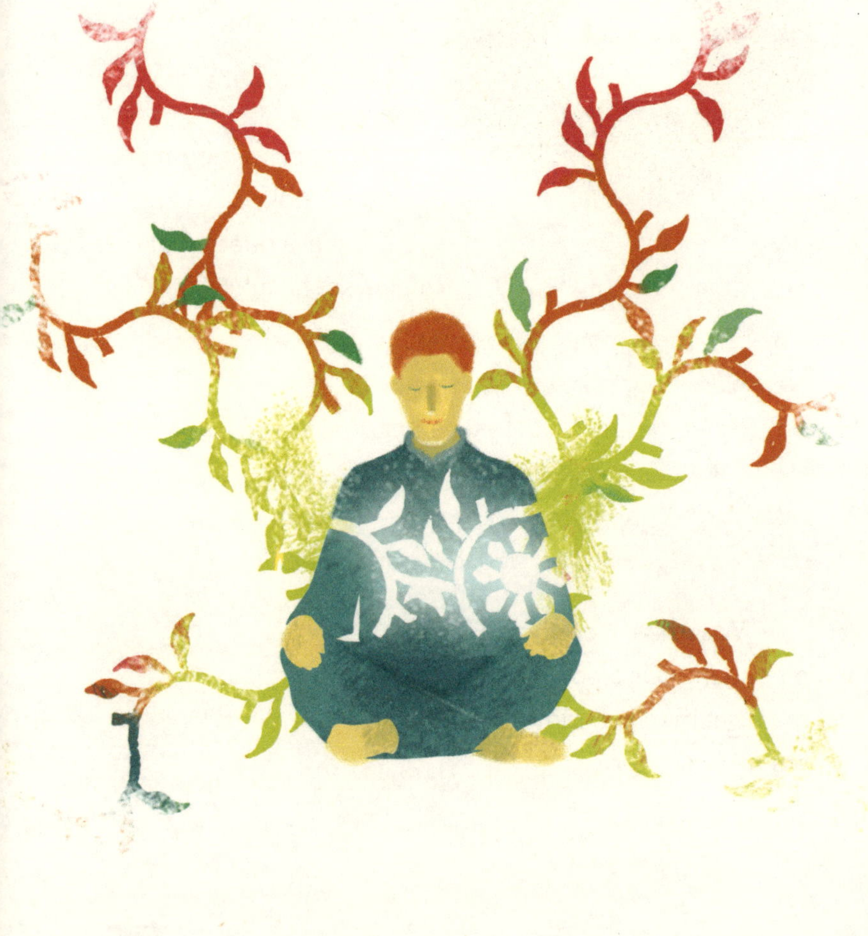

ENCARE SUA REALIDADE

Era uma vez um ursinho-polar que perguntou à mãe:

— Meu pai também era um urso-polar?

— É claro que seu pai era um urso-polar.

— Mas, mãe — continuou o pequeno dali a pouco —, me diga: meu avô também era um urso-polar?

— Sim, ele também era um urso-polar.

O tempo passa, e o pequeno volta a perguntar à mãe:

— Mas... e meu bisavô? Ele também era um urso-polar?

— Era, sim. Por que está perguntando isso?

— Porque estou morrendo de frio!

Um amigo indagou: "Osho, disseram que meu pai era um urso-polar, que meu avô era um urso-polar e meu bisavô também. Mas estou morrendo de frio. Como posso mudar isso?"

Acontece que conheço seu pai, seu avô e seu bisavô; e eles também morriam de frio. E a mãe deles lhes contou a mesma história: "Seu pai era um urso-polar, seu avô era um urso-polar, seu bisavô era um urso-polar."

Se está morrendo de frio, essas histórias não vão ajudar. Isso simplesmente prova que até os ursos-polares morrem de frio. Encare a realidade e não se volte para as tradições, não vá para o passado. Se você está morrendo de frio, está morrendo de frio! E não é consolo nenhum ser um urso-polar.

Consolos como esse têm sido dados à humanidade há tempos. Um homem está morrendo e você o consola dizendo que a alma é imortal. Esse tipo de consolo não ajuda em nada. Alguém está em sofrimento e você lhe diz: "Não fique aí sofrendo. Isso é só psicológico." Como isso melhora as coisas? Só vai fazer a pessoa sofrer ainda mais. Essas teorias não têm muita utilidade. Foram inventadas para consolar, para enganar.

Se você está morrendo de frio, em vez de perguntar se seu pai era um urso-polar, faça exercícios. Pule, corra ou faça meditação dinâmica, e assim mudará sua condição.

Esqueça tudo sobre seu pai, seu avô e seu bisavô. Apenas encare sua realidade. Se estiver morrendo de frio, faça alguma coisa. E sempre se pode fazer alguma coisa.
Você pode continuar perguntando e perguntando que a coitada de sua mãe continuará a consolá-lo. Mas esse é o caminho errado.

Essa questão do consolo é muito significativa, e explica por que a humanidade está sofrendo. Escute o sofrimento; analise o problema. E não tente encontrar nenhuma solução fora do problema. Examine a pergunta; não peça a resposta.

Por exemplo, você pode continuar perguntando por aí "Quem sou eu?". Pode perguntar a um cristão, e ele lhe dirá: "Você é um filho de Deus, e Deus o ama muito." Mas você ficará confuso, porque como Deus pode amá-lo?

Ou você pode levar a mesma pergunta aos hinduístas, que responderão: "Você é o próprio Deus." Não o filho de Deus, o próprio Deus. Mas você ainda tem dor de cabeça e enxaqueca, e está muito confuso, porque como é que Deus tem enxaqueca? E isso não resolve o problema.

Se quiser saber quem você é, não procure ninguém. Sente-se em silêncio e indague profundamente a seu próprio ser. Deixe a pergunta reverberar – não verbalmente, mas existencialmente. Deixe a pergunta ficar ali como uma flecha a perfurar seu coração: "Quem sou eu?"

Não tenha pressa em responder, porque assim a resposta virá de outro alguém – um sacerdote, um político, alguma tradição. Não responda com a memória, porque sua memória é como um computador, não tem nada a ver com conhecimento. Ela foi alimentada.

Assim, quando você pergunta "Quem sou eu?" e sua memória diz "Você é uma grande alma", cuidado. Não caia na armadilha. Descarte todo esse lixo. Apenas continue indagando. Um dia, você verá que a pergunta também desapareceu. Só resta uma sede – "Quem sou eu?" –, todo o seu ser pulsando de sede.

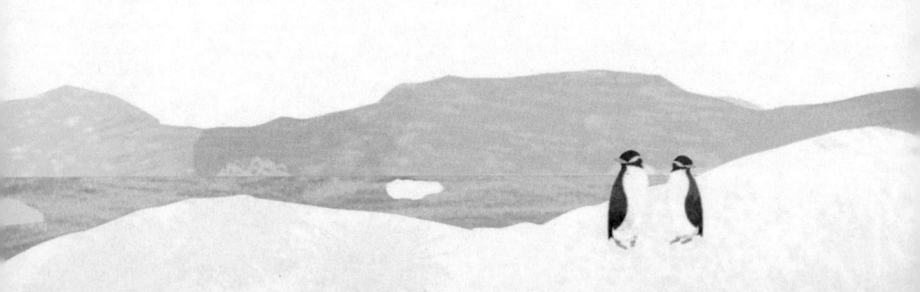

Então, um dia, verá que nem você está lá; só existe a sede. E, nesse estado intenso e apaixonado de seu ser, de repente perceberá que alguma coisa explodiu. Você estará frente a frente consigo mesmo e saberá quem você é.

Não há como perguntar ao seu pai "Quem sou eu?". Ele mesmo não sabe quem ele é. Não há como perguntar ao seu avô nem ao seu bisavô. Não pergunte à sua mãe, à sociedade, à cultura, à civilização. Pergunte ao seu âmago mais profundo. Se quiser mesmo conhecer a resposta, vá para dentro de si. É a partir dessa experiência interior que a mudança acontece.

Você pergunta: "Como posso mudar isso?" Não pode. Primeiro, você tem que encarar sua realidade, e o próprio encontro o transformará.

OS TRÊS PRINCÍPIOS
●●●●●●●●●●●●●●●●●●●

A meditação nada tem a ver com controle da mente, porque todo controle é um tipo de repressão, e o que for reprimido se vingará. Sempre que você relaxar um pouco, a mente, que estava no controle das coisas, virá imediatamente e começará a remexer tudo dentro de você com toda a força.

Meditação não é controle, porque controle cria tensão, e a meditação se baseia em relaxamento. Ela tem alguns elementos essenciais, necessários em todos os métodos.

O primeiro é alcançar um estado relaxado: nenhuma briga com a mente, nenhum controle da mente, nenhuma concentração.

O segundo é só observar, com uma consciência relaxada, o que estiver acontecendo, sem tentar interferir. E o terceiro é só observar a mente em silêncio, sem nenhum julgamento, nenhuma avaliação.

São estas as três coisas: relaxar, observar o que ocorre sem interferir e observar a mente sem julgar.

Devagar, bem devagar, um grande silêncio desce sobre você. Todo movimento dentro de você cessa. Você é, mas não há noção de "eu sou" – só um espaço puro.

Há 112 métodos de meditação, e falei sobre todos eles. Mais métodos podem ser criados, e o mecanismo pode ser alterado de acordo com a época, com a situação, com a preferência dos indivíduos. Mas os três elementos essenciais – relaxamento, observação, atitude não julgadora – nunca podem faltar.

Assim, a verdade é que essas três coisas constituem o único método possível de meditação; todos os outros são variações do mesmo tema.

UM MÉTODO RÁPIDO
Tensione... e solte!

QUANDO: Toda noite, antes de dormir.
ONDE: De pé no meio do quarto.
DURAÇÃO: Oito a doze minutos.

Toda noite, antes de se deitar, fique em pé no meio do quarto – exatamente no meio – e deixe o corpo o mais rígido e tensionado possível, quase como se você fosse explodir. Faça isso durante dois minutos, depois relaxe por dois minutos, também em pé.

Pratique essa sequência de contração e relaxamento duas ou três vezes, depois se deite e não faça mais nada. Ao longo da noite, esse relaxamento se aprofundará cada vez mais em você.

A primeira coisa que você faz no dia determina o seu dia, e a última coisa que você faz de noite também determina sua noite. Assim, inicie o processo do sono com esse relaxamento profundo, e a noite inteira se tornará samádi, uma profunda meditação.

Seis, sete ou oito horas a cada dia é bastante tempo. Quando você chegar aos 60 anos, terá passado 20 anos na cama. Se conseguir melhorar a qualidade do seu sono, não precisará ir à floresta meditar.

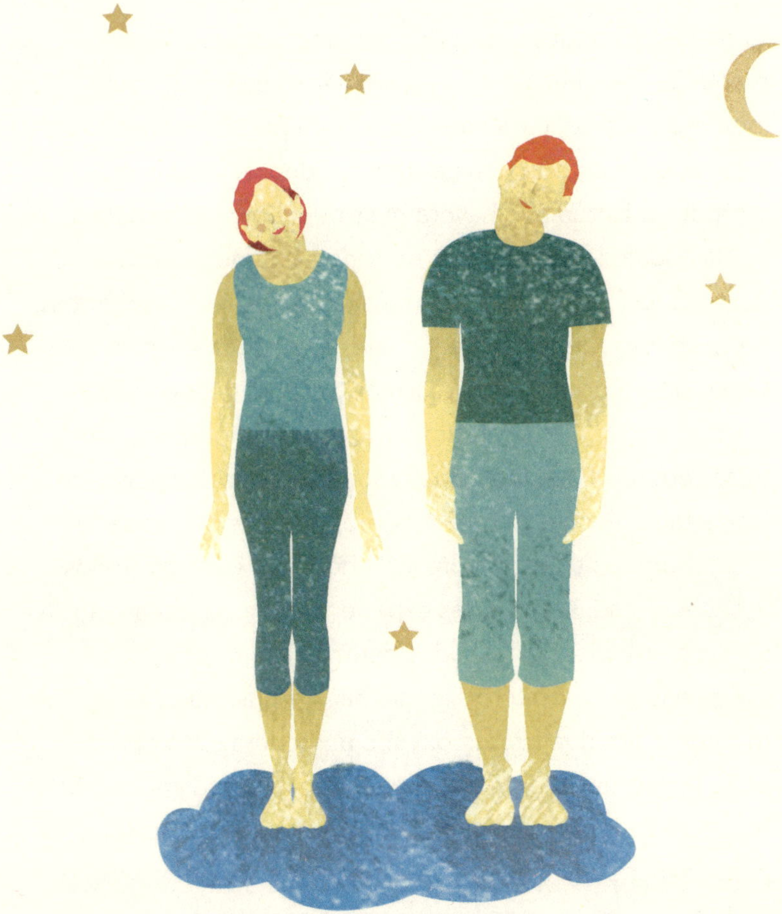

MEDITAÇÃO:
relaxamento absoluto

O relaxamento absoluto pode ser alcançado de muitas maneiras. Em meus métodos, primeiro você fica o mais inquieto possível, para não deixar nada pendente dentro de si. A inquietude é jogada para fora – depois você passa para o repouso. Então não haverá mais nenhuma perturbação.

Na época de Buda, esses métodos dinâmicos não eram necessários. As pessoas eram mais simples, mais autênticas. Levavam uma vida mais real. Hoje, as pessoas levam uma vida muito reprimida, muito irreal. Sorriem quando não querem sorrir. Demonstram compaixão quando querem ficar com raiva. Os indivíduos são falsos; todo o padrão de vida é falso. A cultura toda é como uma grande falsidade. O ser humano só está representando, não vivendo. Todos esses vestígios, todas essas experiências incompletas vão sendo recolhidos, empilhados dentro da mente.

Apenas sentar-se em silêncio não vai adiantar. No momento em que fizer isso, você perceberá todo tipo de coisa se remexendo dentro de si. Achará quase impossível ficar quieto. Antes de mais nada, jogue essas coisas fora, para chegar a um estado natural de repouso. A meditação real só começa quando você está em repouso.

Todas as meditações dinâmicas são apenas exigências básicas a serem cumpridas para que a meditação real possa ocorrer. Não as trate como meditações em si; elas são apenas introduções, só o prelúdio. Somente quando toda atividade do corpo e da mente cessa a meditação real pode começar.

UM MÉTODO
para se livrar de tensões e bloqueios

Estou cada vez mais consciente das tensões em meu corpo que me bloqueiam e limitam meus movimentos. O que fazer?

Você carrega consigo uma armadura muito forte. É bom que esteja se tornando consciente disso. Trata-se somente de um acessório; não está agarrado a você. Agora é você que se agarra a ela, mas, quando tomar consciência, poderá simplesmente se livrar dela.

Além de carregar sua armadura, você a nutre e alimenta continuamente. Se não a alimentar, ela desaparecerá. Assim, é preciso observar onde no corpo você sente limitações. Quem tem uma experiência forte das limitações em que está se fechando, sentindo-as principalmente nas pernas, no pescoço, no peito e na garganta, deve fazer três coisas.

Primeiro passo: expire intensamente
Andando ou sentado, sempre que não estiver fazendo nada, expire intensamente. A ênfase deve estar na expiração, não na inspiração. Assim, ponha para fora o máximo de ar que conseguir, soltando-o pela boca. Mas faça isso devagar, para que demore; quanto mais tempo levar, melhor, porque

vai mais fundo. Quando todo o ar dentro do corpo tiver saído, então o corpo inspira. Não *você*. A expiração deve ser lenta e intensa, e a inspiração, rápida. Isso mudará a armadura junto ao peito e deixará sua garganta melhor.

Segundo passo: corra para a vida

Se puder, comece a correr um pouco. Não é preciso percorrer longas distâncias; um quilômetro e meio já resolve. Enquanto corre, imagine que um peso está sumindo das pernas, como se caísse pelo caminho. As pernas carregam uma armadura quando sua liberdade foi restringida demais, quando lhe disseram para fazer isso e não aquilo, para ser isso e não aquilo, para ir por aqui e não por ali. Assim, comece a correr e, enquanto corre, dê mais atenção à expiração. Quando recuperar as pernas e sua mobilidade, você terá um grande fluxo de energia.

Terceiro passo: dispa-se da armadura

Antes de dormir, tire as roupas e, enquanto se despe, imagine que não está tirando só a roupa, mas também a armadura. Faça realmente os movimentos. Retire-a e inspire profundamente. Então, vá dormir sem armadura, sem nada no corpo e sem restrições.

Depois de três semanas, observe como as coisas estão.

CONECTAR-SE
com o corpo e a respiração

Apesar de você nunca ter conversado com seu corpo, de nunca ter se comunicado com ele, seu corpo está sempre disposto a escutar você. Esse tempo todo você esteve dentro dele, usou-o, mas nunca lhe agradeceu. Ele o serve, e faz isso da forma mais inteligente possível.

Estou com dificuldade de me concentrar nas meditações. Pode me sugerir alguma coisa?

Antes de mais nada, saiba que você não deve tentar se concentrar. A concentração não vai ajudá-lo. Ela criará tensão na mente. O relaxamento, por sua vez, será de grande auxílio.

Na concentração, você precisa focar a mente em alguma coisa. Isso não será possível para você. Sua energia não consegue se mover desse modo. No relaxamento, você tem simplesmente que se soltar, sem foco – é exatamente o contrário da concentração. Assim, lhe darei um método para começar a praticar à noite.

Pouco antes de dormir, diga a todo mundo: "Durante os próximos vinte minutos, não estarei disponível. Nada de interrupções, nenhum telefonema, absolutamente nada."

Então feche a porta do quarto e sente-se em uma cadeira na posição que for mais confortável para você. (O conforto é essencial para relaxar.) Deixe a luz apagada ou o mais fraca possível. Feche os olhos e relaxe o corpo. O ideal é fazer isso vestindo roupas largas, para que nada o aperte em lugar nenhum.

Indo dos dedos dos pés à cabeça, sinta por dentro onde está a tensão. Você encontrará muitos pontos de tensão. Esses devem ser relaxados primeiro, porque, se o corpo não estiver relaxado, a mente também não consegue relaxar.

Onde sentir alguma tensão, toque com amor profundo, com compaixão. Se a sentir no joelho, relaxe-o. Toque o joelho e lhe diga: "Por favor, relaxe." Caso sinta tensão nos ombros, toque-os e diga: "Por favor, relaxem."

O corpo não precisa ser forçado; ele pode ser persuadido. Não é preciso lutar contra ele; isso é desagradável, violento, agressivo, e qualquer tipo de conflito só vai criar cada vez mais tensão. O corpo é uma dádiva tão bela que brigar com ele é negar a própria existência. Ele é um templo. Estamos guardados dentro desse relicário. Existimos nele e temos que cuidar muito bem dele; essa é nossa responsabilidade.

O corpo é seu servo, e você não pagou nada por ele – é apenas um presente. E tão complexo, tão tremendamente complexo, que a ciência ainda não foi capaz de criar nada igual. Mas nunca pensamos nisso; não amamos nosso corpo. Ao contrário, temos raiva dele. E os chamados santos ensinaram muitas coisas tolas às pessoas – que o corpo é o inimigo, que o corpo é sua degradação, que é todo pecado.

Se você quiser cometer um pecado, o corpo vai ajudar, é verdade. Mas a responsabilidade é sua, não do corpo. Se quiser meditar, o corpo estará pronto para ajudar você nisso também. Se quiser descer, o corpo o obedece. Se quiser subir, o corpo o obedece. O corpo não é culpado de nada. Toda a responsabilidade é de sua própria consciência.

No começo, essa meditação vai parecer meio absurda, porque nunca nos ensinaram a falar com o próprio corpo, mas, em uma semana, você conseguirá se comunicar com ele. E, depois que começar a se comunicar com seu corpo, tudo ficará muito fácil.

Continue com a meditação por todo o corpo e o cerque de compaixão amorosa, de profunda solidariedade, de carinho. Isso levará pelo menos cinco minutos, e você começará a se sentir muito, muito mole, relaxado, quase sonolento.

Então, leve sua consciência para a respiração: relaxe a respiração.

O corpo é nossa parte mais externa, a consciência é a mais interna, e a respiração é a ponte que une os dois. É por isso que, quando a respiração desaparece, a pessoa está morta – porque a ponte se quebrou.

Assim, quando o corpo estiver relaxado, feche os olhos e observe sua respiração. Relaxe-a também. Converse um pouquinho com ela: "Por favor, relaxe. Seja natural." Você verá que, no momento em que disser isso, haverá um clique sutil. A respiração ordinária ficou muito antinatural. Esquecemos o modo de relaxá-la porque estamos tão tensos o tempo todo que a respiração habituou-se a permanecer tensa. Assim, diga-lhe duas ou três vezes que relaxe e, então, apenas permaneça em silêncio.

Nesse momento, a cada expiração, diga "Uma". Quando o ar entrar, não diga nada. Expire e diga "Uma"; inspire e não diga nada. Assim, cada vez que o ar sair, você simplesmente diz "Uma... Uma... Uma". E não só diz, como também sente que a existência inteira é uma, é uma unidade.

Você estará se movendo exatamente entre o finito – a palavra – e o infinito – o silêncio. Entre essas duas margens, sua consciência se moverá continuamente, e uma harmonia muito sutil será criada.

Atenção: veja se esse processo perturba seu sono, porque é possível que isso aconteça. Se perturbar, faça a meditação duas ou três horas antes de dormir.

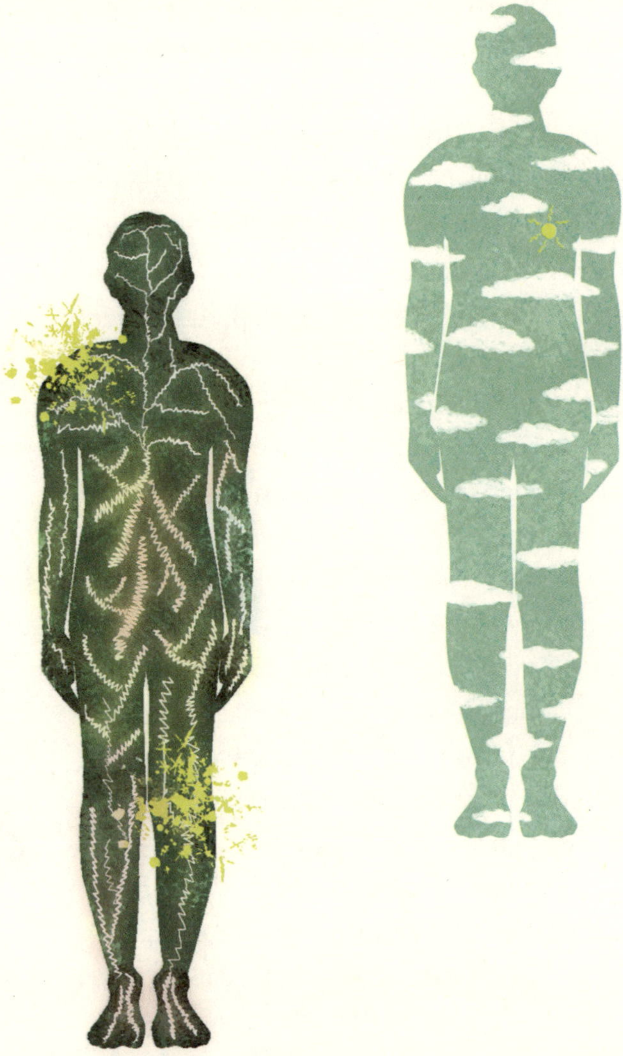

PRIMEIROS PASSOS
na arte de observar

A autoconsciência não é consciência do eu, e aí está o problema. Na verdade, a autoconsciência é uma barreira para a consciência do eu. Você pode tentar vigiar, observar com a mente muito autoconsciente; mas isso não é consciência, isso não é testemunhar, porque fazer isso o deixa tenso.

Testemunhar não envolve a consciência do ego. O ego precisa ser abandonado. Se você pensa o tempo todo em termos de ego, até seu testemunho se tornará uma doença; então, sua meditação se tornará uma doença, sua religiosidade se tornará uma doença. Com o ego, tudo se torna uma doença. Ele é o grande inconveniente em seu ser. É como um espinho na carne; não para de doer. É como uma ferida.

Então, o que fazer? A primeira coisa para tentar observar é concentrar-se no objeto e não no sujeito. Olhe a árvore e deixe que a árvore exista. Esqueça-se completamente de si; você não é necessário. Estar ali será uma perturbação contínua da experiência da vegetação, da árvore, da rosa. Apenas deixe que a rosa exista. Esqueça-se completamente de si; concentre-se na rosa. Deixe-a existir; nenhum sujeito, só o objeto. Esse é o primeiro passo.

Depois vem o segundo passo: abandone a rosa; tire a ênfase dela. Agora, enfatize sua consciência da rosa. Ainda não é necessário nenhum sujeito, só a consciência de que você está observando, de que o observar existe.

E só então poderá haver o terceiro passo, que o deixará mais perto do que Gurdjieff chama de autorrecordação, do que Krishnamurti chama de consciência e os Upanixades chamam de testemunhar. Depois que os dois primeiros passos são cumpridos, o terceiro vem com facilidade. Siga a ordem correta: primeiro o objeto, depois a consciência, então o sujeito.

Depois que o objeto é abandonado e a ênfase na consciência não é mais uma tensão, o sujeito existe, mas não há subjetividade nele. Você existe, mas não há "eu" nisso, só ser. Você é, mas não há sensação de "eu sou". Esse confinamento do "eu" desapareceu; só existe o "sou". Esse "sou" é divino. Abandone o "eu" e seja só o "sou".

Se você trabalhou tempo demais no testemunhar, então, por pelo menos três meses, abandone-o completamente, não faça nada com ele. Senão, o antigo padrão pode continuar e poluir a nova consciência.

Durante três meses faça uma pausa e, por outros três meses, medite com métodos catárticos – dinâmica, kundalini, nataraj –, do tipo em que toda a ênfase esteja em fazer alguma coisa e que essa alguma coisa seja mais importante.

Dance, simplesmente, e a dança se torna importante, não o dançarino. O dançarino tem que se perder completamente na dança. Assim, durante três meses, abandone o testemunhar e absorva-se em alguma meditação. Ficar absorto em algo é esquecer-se completamente de si.

Não se mantenha separado e dividido. Se conseguir dançar de maneira que só a dança fique e o dançarino desapareça, certo dia você verá, de repente, que a dança também desapareceu. E então haverá uma consciência que não é da mente nem do ego. Na verdade, essa consciência não pode ser praticada; outra coisa tem que ser feita como preparação, e aí a consciência chega. Você só precisa se tornar disponível para ela.

O MÉTODO
A meditação nataraj de OSHO

Nataraj é a energia da dança. É a dança como meditação total, em que toda divisão interna desaparece, só permanecendo uma consciência sutil e relaxada.

Essa meditação deve ser feita com a música específica para meditação nataraj de Osho, que indica e sustenta energeticamente os diversos estágios.

A meditação dura 65 minutos e tem três estágios.

PRIMEIRO ESTÁGIO: 40 minutos
De olhos fechados, dance como se estivesse possuído. Deixe seu inconsciente assumir completamente o controle. Não controle seus movimentos nem seja testemunha do que está acontecendo. Apenas exista totalmente na dança.

SEGUNDO ESTÁGIO: 20 minutos
Ainda com os olhos fechados, deite-se imediatamente. Fique calado e imóvel.

TERCEIRO ESTÁGIO: 5 minutos
Dance em celebração e desfrute.

DESPERTAR OS SENTIDOS
Visão

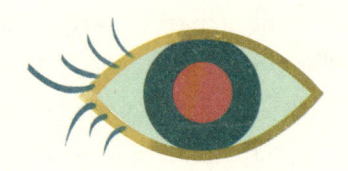

Se você quiser mesmo saber qual é a verdade, as Escrituras não vão ajudá-lo. Também não será útil ir ao Himalaia. Só uma coisa pode ajudar: comece a olhar as coisas sem a mente. Olhe a flor e não permita que a mente diga algo. Apenas olhe. É difícil, por causa do velho hábito de interpretar.

O modo como você olha as coisas depende de você, não das coisas. A não ser que você chegue ao ponto de abandonar a mente interpretadora e olhar diretamente, imediatamente, a mente será sua mediadora. Ela lhe traz as coisas distorcidas, misturadas com interpretações, e impuras.

Assim, a única maneira de alcançar a verdade é aprender a ser imediato na visão, a abandonar a ajuda da mente. Essa atuação da mente é o problema, porque ela só consegue criar sonhos. Os sonhos são lindos, e ficamos muito empolgados.

Se você está empolgado demais, fica embriagado e perde o comando de seus sentidos. Então, tudo o que estiver vendo será apenas sua projeção. E há tantos mundos quanto há mentes, porque cada mente vive em seu próprio mundo. Você pode rir da tolice dos outros, mas, se não começar a rir da sua, não será capaz de se tornar um homem do Tao, um homem da natureza, um homem da verdade. Então, o que fazer?

Experimente não incluir a mente, começando por pequenas coisas. Olhe uma flor – apenas olhe. Não diga "Que bonita!", "Que feia!". Não diga nada. Não inclua palavras, não verbalize. Simplesmente olhe. A mente se sentirá pouco à vontade, inquieta. Vai querer dizer alguma coisa. Apenas ordene a ela: "Cale-se! Deixe-me ver. Só vou olhar."

No começo, será difícil, mas comece com coisas nas quais você não esteja muito envolvido. Será impossível olhar sua esposa sem incluir palavras. Você está envolvido demais, emocionalmente apegado demais. Se está irritado ou apaixonado, não importa, você está envolvido demais.

Olhe coisas que sejam neutras – uma pedra, uma flor, uma árvore, o nascer do sol, um passarinho voando, uma nuvem se movendo no céu. Só olhe coisas com as quais não esteja muito envolvido, das quais possa se manter desprendido, às quais possa ficar indiferente. Comece com coisas neutras e só depois passe para situações emocionalmente carregadas.

As pessoas começam com as situações carregadas; e fracassam porque é quase impossível ter sucesso nisso. Você ama ou odeia sua esposa, não há meio-termo. Se ama, está louco, se odeia, está louco – e de ambos os jeitos as palavras virão. É muito difícil contê-las, isso por causa de tanto tempo praticando dizer coisas o tempo todo. Acordados ou mesmo dormindo, quando estamos envolvidos demais emocionalmente é complicado deixar a mente de lado. Ela vai tomar conta. Assim, olhe primeiro situações não carregadas de emoção. Quando tiver a sensação de que, sim, você consegue olhar determinadas coisas sem a mente se meter, então experimente olhar os relacionamentos.

Aos poucos, ficamos mais eficientes. É como nadar: no começo, você tem medo; não consegue imaginar como sobreviverá. E você trabalha há tanto tempo com a mente que não consegue pensar que é capaz de existir sem ela por um único instante. Mas tente!

Quanto mais puser a mente de lado, mais a luz lhe cobrirá, porque, quando não há sonhos, portas e janelas se abrem, o céu lhe estende a mão, o sol nasce e chega ao seu coração, a luz o atinge.

Você se torna mais preenchido com a verdade quando fica menos preenchido com os sonhos.

IDENTIFICAÇÃO:
o problema básico

As coisas vão mudando por fora.
Você tem que espelhá-las,
Você tem que refleti-las,
mas lembre-se sempre de que o espelho continua o mesmo.
Espelhar não muda o espelho.
Não se identifique com o espelhar.
Lembre-se de si como o espelho:
é o que significa testemunhar.
E testemunhar é meditação.

O filósofo chinês Liezi exibia sua habilidade no arco e flecha a Po-Hun Wu-Jen. Quando o arco era puxado em toda a sua extensão, colocavam um copo d'água sobre seu cotovelo, e ele começava a atirar. Assim que a primeira flecha saía voando, a segunda já estava na corda, e a terceira em seguida. Enquanto isso, ele se mantinha imóvel como uma estátua.

Po-Hun Wu-Jen comentou:

– Sua técnica no arco e flecha é boa, mas ainda é uma técnica. Por fora, você parece uma estátua. Agora vamos subir uma montanha bem alta e ficar numa rocha que se projeta sobre um precipício, e de lá você tenta atirar.

– Certo – disse Liezi.

Eles subiram a montanha. Po-Hun Wu-Jen ficou de pé sobre uma pedra que se projetava sobre um precipício de três mil metros de altura e andou de costas até um terço dos pés pairarem para fora da pedra.

Então, ele acenou para Liezi avançar. Liezi se jogou no chão com o suor escorrendo até os calcanhares.

Po-Hun Wu-Jen disse:

– O homem perfeito se eleva acima do céu azul, mergulha até as fontes amarelas ou perambula até os oito limites do mundo, sem mostrar sinais de mudança em seu espírito. Mas você revela sinais de perturbação, e seus olhos estão ofuscados. Como espera atingir o alvo?

O MÉTODO
Encontre sua meditação

Tudo o que leva você a si mesmo é meditação. E é importantíssimo encontrar sua própria meditação, porque no ato de encontrá-la você sentirá grande alegria. Por se tratar de uma descoberta sua, e não de um ritual que lhe impuseram, você terá prazer em se aprofundar nela. Quanto mais fundo for, mais se sentirá feliz, em paz, sereno, digno, gracioso.

Todo mundo sabe observar, então não há o que aprender. A questão é apenas mudar o objeto da observação. Traga-o para mais perto.

Observe seu corpo e você ficará surpreso. Posso mover minha mão sem observar e posso mover minha mão observando. Você não verá diferença, mas eu consigo sentir a diferença. Quando movo a mão com vigilância, há nela graça e beleza, paz e silêncio.

Você pode andar vigiando cada passo. Experimente. Isso lhe dará todo o benefício que a caminhada traz como exercício mais o benefício de uma ótima e simples meditação.

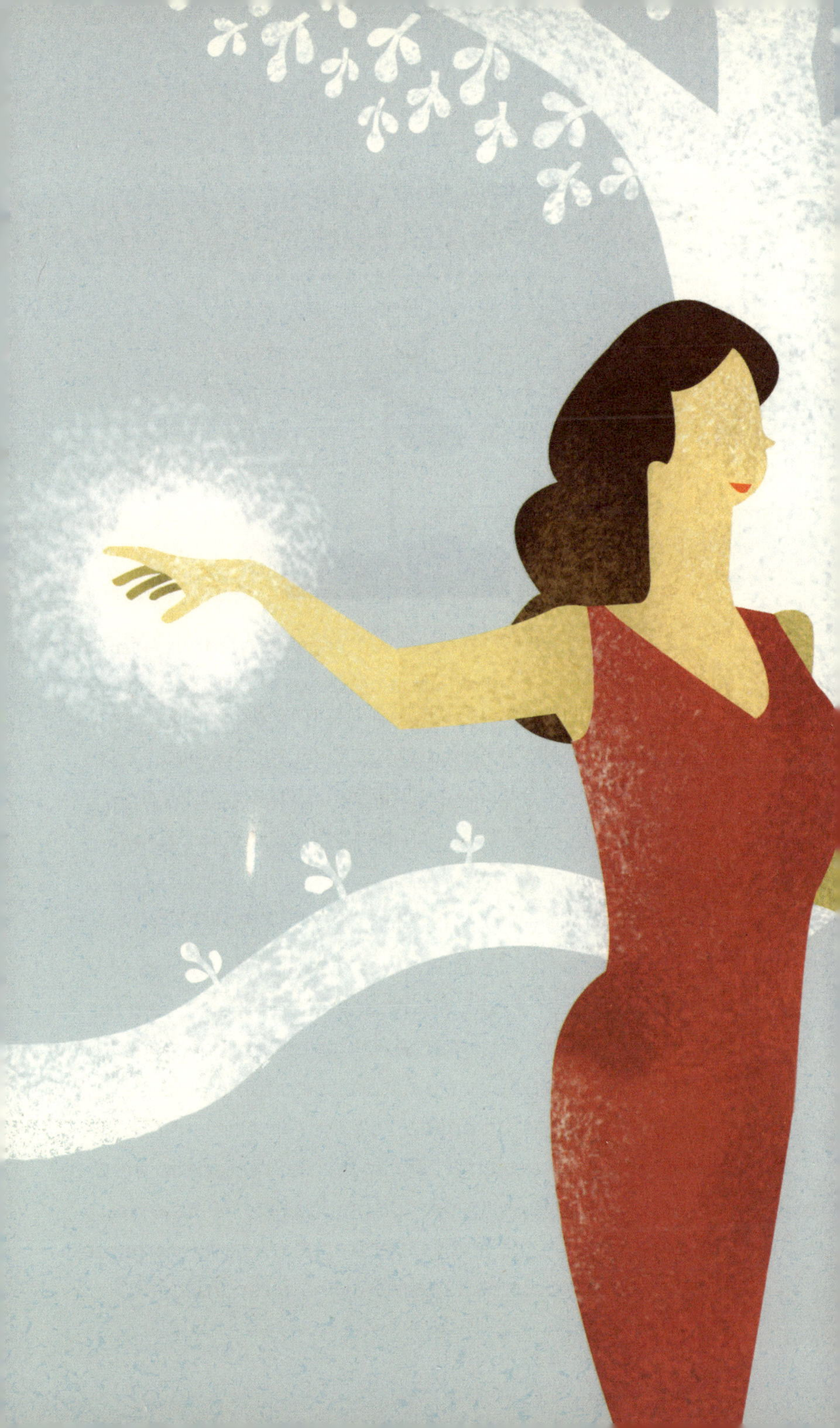

A NATUREZA TEM QUE SE TORNAR
sua meditação

Pense nestas coisas: o pico nevado das montanhas e seu silêncio virginal, o som de água corrente e a canção do vento nas árvores. Pense nessas coisas, porque elas o lembrarão de Deus. *Contemple essas coisas.*

Um dos maiores problemas que o ser humano enfrenta é o mundo feito pelo homem. Hoje ele vive cercado por criações suas – prédios, ruas, tecnologia. Elas têm imenso valor, e eu sou totalmente a favor delas, mas elas não o fazem lembrar de Deus. Em vez disso, lembram-no somente do próprio ego, enfatizando que foi ele quem fez tudo isso. E assim, lentamente, o homem está perdendo o contato com a natureza, e a natureza é o templo de Deus.

Quando você vê um quadro, ele lhe remete ao pintor. Quando você escuta uma canção, ela lhe remete ao músico.

A natureza deve se tornar sua meditação. Vá até o rio, sente-se junto a uma árvore e entregue-se absolutamente à natureza. Aos poucos, uma maravilhosa recordação começará a surgir em seu ser. Deus não está perdido, só esquecido, e não é preciso uma busca por Deus, mas uma recordação. De onde virá essa recordação? Observe a vida, as coisas que crescem, as plantas...

O prédio feito de cimento e concreto não cresce. Ele não tem vida; está morto desde o princípio. Pense nas coisas que crescem, porque Deus nada mais é que o princípio de crescimento da existência. Deus é a evolução em existência, esse crescimento constante. E a coisa mais importante da vida é entender o que é o crescimento. A pessoa realmente religiosa é a que fica fascinada com esse misterioso fenômeno.

Os milagres acontecem todos os dias: uma semente se torna um broto e continua crescendo. A mulher engravida e a vida começa a crescer. Onde houver crescimento há vida, e onde houver vida há Deus; Deus é outro nome para vida.

Sempre que tiver tempo, se aproxime mais da natureza, aumente esse contato, e ela se tornará sua meditação. Mesmo na imaginação, ela será de imensa ajuda. Ao adormecer, pense nas montanhas, esteja com as montanhas. Vá dormir recordando os rios, as árvores, as flores, e logo você verá a mudança acontecer também em seu sono: ele ficará cheio de Deus!

Estar constantemente em contato com a natureza é a única maneira de recordar Deus; todas as outras maneiras são apenas meros simulacros.

O MÉTODO
Abrindo o coração

Para abrir o coração, você não precisa fazer nada específico, porque o coração é um fenômeno muito indireto e delicado. Se começa a fazer algo para abri-lo, essa ação é o suficiente para fechá-lo. É como forçar as pétalas de uma rosa a se abrirem. Não vai dar certo; a flor será destruída.

Não se pode ser direto com o coração. É preciso ser muitíssimo delicado com ele – nunca grosseiro, e sim muito sutil. Escute música. Vá para a natureza sempre que tiver tempo: esteja com as árvores, as aves, os outros animais. Observe as estrelas à noite. Cante, dance. Seja amoroso, amistoso, até com desconhecidos. É assim que se pode nutrir a abertura do coração.

Portanto, faça o que for útil para se tornar mais sensível, mas não seja direto: dance, cante, toque música, observe a natureza.

TORNAR-SE AMOR, TORNAR-SE LUZ

A realidade é uma rede de amor e raios de luz, uma síntese de amor e luz.

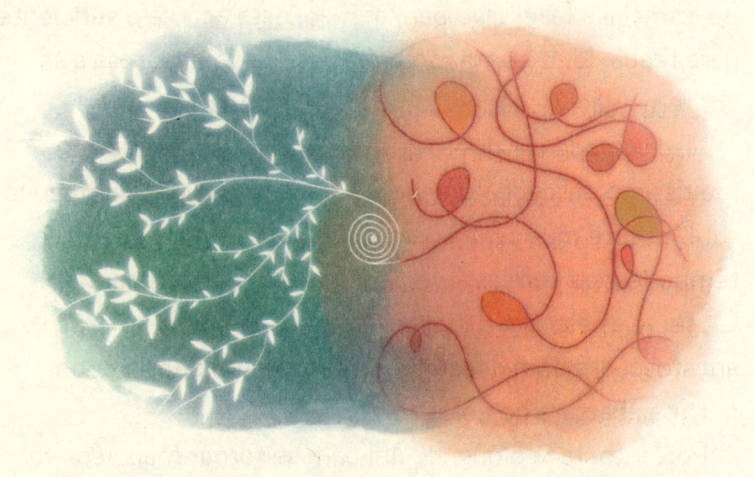

Se você atravessar a vida usando uma abordagem científica, só encontrará luz, uma rede de luz e raios. Se passar pela religião, você encontrará uma rede de energia do amor.

A vida é uma só, e pode ser interpretada de duas maneiras: como luz ou como amor. Depende de seu método de abordagem. Se a abordagem for científica, você chegará ao supremo estrato da realidade como luz. Se a abordagem for da intuição e não da lógica, do irracional e não da razão, da oração e não do cálculo, enfim, se for do coração, você encontrará a mesma realidade, que é só uma, mas agora sua interpretação será a do amor.

É melhor entender a vida das duas maneiras, pois assim você terá um conceito total e a visão perfeita.

De vez em quando, aborde sua realidade interna como um fenômeno de luz: pense em si como nada além de luz. Outras vezes, aproxime-se de sua porta mais interna como amor. Quando estiver sozinho, pense em si como luz, torne-se luz – esse é o caminho da meditação. Quando estiver com alguém, pense em si como amor, torne-se amor – esse é o caminho da oração. E tente perceber sua realidade pelos dois lados.

Sentir-se apenas como luz é maravilhoso, e muita gente chega à realidade por meio dessa experiência. Mas é a metade, só um aspecto da verdade. E, quando se fica confinado a ele, falta alguma coisa. Esse tipo de homem se tornará muito isolado. Não se relacionará. Vai se tornar um escapista, alguém que evita relacionamentos. Na verdade, ele passará a ter medo dos relacionamentos, porque, sempre que estiver na companhia de outra pessoa, essa incrível experiência de luz desaparecerá.

Ela só acontece quando se está sozinho: absolutamente sozinho, sem nenhuma relação. Por causa dessa experiência não relacional, budistas, jainistas, todos se tornaram escapistas e renunciaram ao mundo.

Amor se tornou uma palavra perigosa. O mesmo aconteceu no cristianismo. Não deveria ter acontecido, porque Jesus vivia dizendo que Deus é amor, e mesmo assim aconteceu!

A mente humana tende a escolher. É dificílimo optar pelo todo, porque isso significa ficar sem escolha, e a mente humana tende a escolher um aspecto. Quando se escolhe um aspecto, o outro é negado. Então você fica com medo do outro, porque, se o outro entrar, sua primeira experiência será perturbada. E aí você se torna protecionista.

Sufis, bhaktis, devotos vivenciaram o outro aspecto da realidade por meio do amor, da oração, dos sentimentos, do coração, mas tiveram medo da luz, porque a luz perturba seu amor, seus relacionamentos. E todo o meu esforço é criar a suprema síntese para que você seja capaz de conhecer a realidade de todos os jeitos que existem.

Não fique obcecado por nenhuma visão parcial. Permaneça disponível. Até ao oposto, permaneça disponível; até ao contraditório, permaneça disponível. Aquele que está disponível às contradições e consegue flutuar com facilidade de uma a outra vê a mente desaparecer por completo, porque a mente não pode existir com uma consciência sem escolha. Portanto, não escolha.

Quando se relacionar com as pessoas, torne-se amor. Quando estiver sozinho, torne-se luz. Continue brincando com as duas ideias e logo você verá surgir a síntese que é a vida: uma síntese de luz e amor.

O MÉTODO
Encha-se de energia amorosa

Considere este método um processo acontecendo em você: dissolva-se numa energia amorosa – não direcionada a algo específico, mas a tudo e todos... até ao nada! Não restrinja o amor a um objeto: seja uma energia amorosa transbordante.

Se estiver sentado em silêncio em seu quarto, que o quarto se encha de energia amorosa; crie uma aura de amor em torno de si. Sei que você consegue fazer isso. Não peço o impossível – nunca! Só indico o que vai lhe acontecer muito naturalmente. É simples e natural que você se torne só amor. Essa será sua oração, sua meditação.

Se estiver olhando as árvores, estará enamorado das árvores; se estiver olhando as estrelas, estará enamorado das estrelas. Você é amor, só isso. Assim, onde quer que esteja, siga despejando seu amor. O amor é um milagre tão grande, tão mágico, que transforma tudo no amado. Você se torna amor, e a existência se torna seu amado, a existência se torna Deus.

As pessoas buscam e procuram Deus sem se tornar amor. Elas não têm o equipamento, o contexto e o espaço necessários para encontrar Deus. Crie amor e esqueça tudo sobre Deus. Então, um dia, você encontrará a divindade em tudo.

ACEITE-SE...
e relaxe em sua totalidade!

O propósito de todas as iniciativas religiosas é criar um estado de paz dentro de você. Em geral, o homem está em constante turbulência, em conflito interno, num tipo de guerra civil, que nunca cessa. Essa guerra destrói toda a sua vida, porque dissipa sua energia – e precisa ser interrompida.

As chamadas religiões organizadas não ajudaram; ao contrário, alimentaram cada vez mais conflitos internos. Elas os tornaram mais agudos, mais crônicos, como um câncer, porque criam culpa. Elas dividem cada ser humano em inferior e superior, em bom e mau. E, depois de dividido, só lhe resta lutar – num combate consigo mesmo. Mas você não pode vencer e também não pode ser derrotado. Você permanece no limbo, brigando sem parar: nem derrota, nem vitória; nada vem disso, apenas frustração e tédio. Foi o que aconteceu com toda a humanidade.

Esse não é o caminho dos budas. O buda pode ser Sidarta Gautama, Jesus Cristo, Zaratustra ou Lao-tsé; não importa quem seja o despertado, o caminho para esse despertar é um só: não criar conflito dentro de si.

Quero que você ame a si mesmo, porque só por meio desse amor vem a paz. Quero que você se aceite por completo, como é. Isso não significa que não haverá crescimento; na verdade, assim que você se aceita como é, uma grande explosão acontece, porque a energia envolvida no conflito é liberada, ficando disponível para você. Isso o fortalece, torna-o mais inteligente, deixa-o mais alerta, mais vivo; isso desperta sua essência.

Portanto, esta é sua primeira lição: aceite-se, ame-se. Largue toda culpa, não se divida. Não há nada superior, nada inferior; tudo em você é divino. O inferior é tão divino quanto o superior. A matéria é tão divina quanto a consciência. Não há hierarquia.

Quando entender isso, você verá uma grande paz se instalar de repente dentro de si. Com essa paz, virá o início de uma mudança radical, de uma revolução, de um novo nascimento.

O MÉTODO
Relaxe antes de dormir

"Sinto certa inquietação, principalmente nos braços. É como se eu precisasse realizar algo enérgico. O que fazer para acalmar essa agitação?"

Toda noite, antes de dormir, sente-se numa cadeira e recoste a cabeça, como faria na cadeira do dentista. Você pode usar um travesseiro para se acomodar numa postura de repouso. Então, solte a mandíbula; relaxe-a o suficiente para que a boca se abra de leve; e comece a respirar pela boca, não pelo nariz. A respiração não deve ser alterada; ela só tem que ser como é, natural.

As primeiras inspirações e expirações ficarão um pouco caóticas. Aos poucos, a respiração se acalma e se torna muito superficial. O ar entrará e sairá bem de leve; é assim que deve ser. Mantenha a boca aberta, os olhos fechados e relaxe. Então, comece a sentir que suas pernas estão se soltando, como se fossem removidas de você. Sinta que elas estão sendo tiradas, e então pense que você é só a parte superior, que suas pernas se foram.

Depois, passe para as mãos: sinta-as como se estivessem se soltando e sendo removidas. Você não é mais suas mãos; elas estão mortas, lhe foram tiradas. Agora, comece a pensar na cabeça: ela está sendo tirada. Deixe-a solta, deixe-a ir. Então só lhe resta o tronco.

Sinta que você é isto: o peito, a barriga e só. Faça isso durante vinte minutos, pelo menos, e depois vá se deitar. Essa meditação deve ser feita pouco antes de dormir durante pelo menos três semanas.

Isso é necessário porque seu corpo não está alinhado; a energia não está distribuída de forma proporcional. Ao sentir cada parte como separada, só o essencial restará, e toda a sua energia vai se mover dentro dessa parte essencial, que vai relaxar, e a energia começará a fluir de novo em suas pernas, suas mãos, sua cabeça, de um jeito mais proporcional.

É sempre a energia que está mais numa parte e menos na outra que faz você se sentir desequilibrado. Por exemplo, suas mãos podem estar recebendo mais energia que as outras partes. Aí você quer fazer algo com as mãos e, se não encontra nada para fazer, fica com raiva. Quando não podem fazer nada, as mãos querem destruir. Ou criam, ou destroem. Assim, para uma nova distribuição de energia, pratique esta meditação durante três semanas.

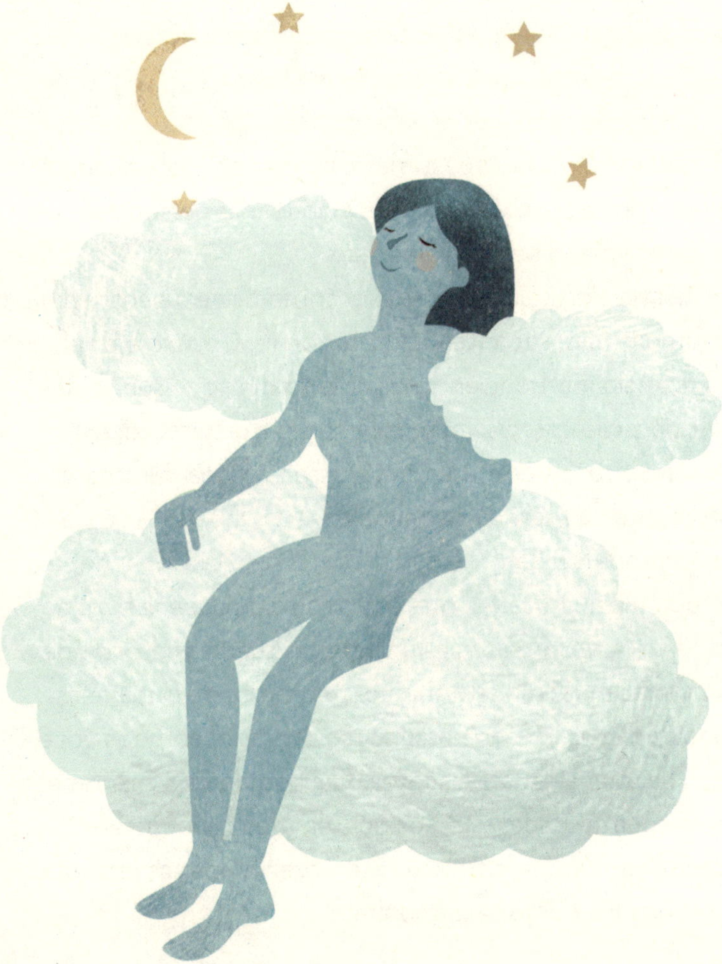

UM BOM USO DA RESPIRAÇÃO

"Como observar a respiração se ela não é vista, mas sentida?"

Você não precisa necessariamente ver para observar alguma coisa; pode apenas senti-la. Quando o ar passa pelas vias aéreas, você o sente com o tato.

Esteja alerta para o ar que entra e atinge o centro mais íntimo de seu ser antes de voltar a sair. O fluxo e o refluxo. É do ciclo inteiro – entrar, sair, entrar, sair – que se deve ter consciência. Quando você sente a respiração, está consciente. Se conseguir fazer isso todo dia durante uma hora, toda a sua vida vai mudar.

Lembre-se: se você não mudar a respiração, nenhuma mudança química acontecerá dentro de você. Essa é a diferença entre Patanjali e Buda. As técnicas de ioga de Patanjali mudarão sua química; a técnica de Buda nem tocará sua química. A respiração normal é como é: você simplesmente observa, sente, vê. Não deixe o ar entrar e sair sem consciência, só isso. Não se preocupe em mudá-la. Que seja como é. Acrescente apenas uma coisa: permaneça como testemunha.

Mesmo que só consiga fazer essa observação da respiração durante uma hora, toda a sua vida será transfigurada – e sem qualquer mudança química. Você simplesmente se transformará numa experiência transcendental, numa consciência transcendental. Você não verá budas, se tornará um buda. E esta é a questão essencial: ver budas não importa... a não ser que você se torne um.

UM MÉTODO
para lidar com o caos e a confusão

"Desde que comecei a meditar, a confusão em mim aumentou muito. O que está acontecendo?"

De fato há algo acontecendo, e por isso você se sente atribulado, confuso. Se você continua vivendo do jeito que sempre viveu, tem uma clareza – não a clareza de que venho falando, mas um outro tipo de clareza. Você permanece com os velhos hábitos, com o mesmo padrão, e segue a vida sem percalços.

No entanto, quando entrar em contato com uma pessoa como eu, você se sentirá confuso e atordoado, porque o novo começará a acontecer enquanto o velho ainda existe. Você vai hesitar, oscilar, sem saber se continua com o velho ou se salta para o novo. Tudo se tornará um caos – mas esse é um bom sinal.

O objetivo do meu trabalho é ajudar você a chegar a esse ponto importante em que terá que se decidir pelo futuro e arriscar todo o passado ou se fechar completamente para o futuro e continuar com o conforto e a conveniência do passado.

A confusão é esperada. Portanto, não tenha pressa para estabilizar as coisas. Permita que essa confusão chegue à raiz de seu ser, para que você fique dividido, claramente partido ao meio. No começo, quase vai parecer que está ficando esquizofrênico, cindido, mas essa cisão é necessária. Depois que decidir sair do passado, a confusão vai desaparecer e a clareza virá. Basta esperar e vigiar.

Deixe a confusão existir. Não tente arrumar as coisas, não tente entendê-las, porque suas ações não vão ajudar agora. Simplesmente observe.

Você chegou a uma grande encruzilhada. O modo como caminhou até agora não será mais o modo de caminhar no futuro. Um momento de grande decisão sempre provoca muito tumulto, mas simplesmente observe. Não há necessidade de fazer nada agora.

Você pode praticar esta meditação durante quinze dias, toda noite antes de dormir:

Primeiro passo

Sente-se em sua cama de um jeito relaxado e confortável e feche os olhos. Sinta o corpo relaxar. Se ele começar a se inclinar para a frente, deixe que vá. Talvez você tenha vontade de se acomodar na posição fetal, como um bebê no útero da mãe. Caso se sinta assim, faça isso: torne-se um bebezinho no útero da mãe.

Segundo passo

Escute sua respiração, nada mais. Fique em silêncio e escute o ar entrando, o ar saindo; o ar entrando, o ar saindo. Apenas sinta, e então você perceberá um grande silêncio e a clareza que vem surgindo.

Faça isso por dez a vinte minutos e vá dormir.

Quanto à sua confusão, simplesmente deixe as coisas acontecerem como se você não fosse o responsável por elas. Durante quinze dias, torne-se completamente morto para tudo. Isso será necessário para o fruto amadurecer e cair por conta própria. Não empreenda nenhum esforço para consertar ou resolver nada. Apenas se faça de morto diante dessa confusão.

ESVAZIE O LIXO DA MENTE

Se você quer alcançar o relaxamento, primeiro deve passar por um processo catártico. O *gibberish* (tagarelice) é um deles.

A meditação Gibberish foi criada por Jabbar, um místico sufi. Ele instruía a todos que chegassem: "Sente-se e comece!", e as pessoas sabiam o que ele queria dizer. De vez em quando, dava um exemplo: durante meia hora, falava todo tipo de bobagem sem sentido, numa língua que ninguém conhecia.

Nessa meditação, a mente vai se esvaziando aos pouquinhos, até um nada profundo, e nesse nada surge uma chama de consciência. Ela está sempre presente, só que cercada por sua algaravia. Portanto, esse lixo precisa ser removido; ele é seu veneno.

Jabbar nunca falava; nunca fazia nenhum discurso. Só ensinava essa meditação aos outros. Ainda assim, ele tinha milhares de discípulos. Ele dizia: "Sua mente é só *gibberish*. Ponha-o de lado e terá uma prova de seu próprio ser." E assim ele ajudou muita gente a se tornar absolutamente serena.

Por quanto tempo você consegue praticar o Gibberish?

O MÉTODO
Jogue fora as tensões da mente

Para praticar o Gibberish, não diga coisas que façam sentido, não use um idioma que conheça. Use chinês, se não souber chinês. Japonês, se não souber japonês. Não use alemão se souber alemão. Pela primeira vez, tenha liberdade, a mesma que todos os passarinhos têm. Permita-se simplesmente liberar o que lhe vier à cabeça, sem se incomodar com sua racionalidade, sua sensatez, seu significado, sua importância. Deixe de lado a mente e toda linguagem.

Sente-se em seu quarto e comece a falar com as paredes, fazendo o Gibberish. No começo, vai parecer loucura – e é! Mas vai livrá-lo de muito calor e pressão, e uma hora depois você se sentirá tremendamente sereno.

Esse método deveria ser ensinado a todos. Se toda pessoa pudesse simplesmente sentar-se em seu quarto e falar em voz alta sozinha durante uma hora, a humanidade teria mais sanidade mental.

É desumano impor seu lixo mental aos outros, então, se quiser jogá-lo fora, vá em frente, mas não o jogue em nenhum outro ser humano. As pessoas já têm o lixo delas, e é muito; não o aumente.

Em vez de ir a outra pessoa, você pode ir ao rio e falar com o rio. O rio não vai escutar, então não tem problema; o rio não vai enlouquecer. Você pode ir até uma árvore e falar com a árvore, e pode falar com as estrelas e com as paredes; tudo isso é perfeitamente bom. E, se você achar que é maluquice demais, escreva, faça um diário, e ponha no papel tudo o que quiser.

Se todas as pessoas aprenderem essa coisa simples, o mundo ficará mais são.

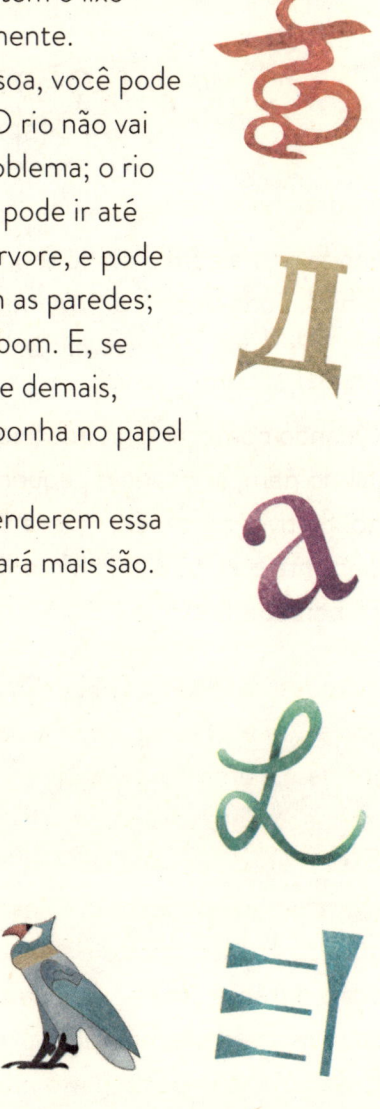

MEDITAÇÃO DO RISO
para despertar

Quando rir, ria com o corpo todo. Você pode rir só com os lábios, pode rir com a garganta, pode fazer ruídos que soam como riso, mas isso não ajuda muito. Será um ato mecânico, e não profundo o bastante.

Quando começar a rir, imagine que é uma criancinha. Quando riem, as crianças pequenas começam a rolar no chão. Se tiver vontade, comece a rolar. O ruído não é tão importante quanto o envolvimento. E, quando começar, você perceberá isso.

Por dois ou três dias, talvez você não seja capaz de sentir se está acontecendo ou não, mas vai acontecer. Traga lá das raízes, como uma flor que nasce numa árvore, subindo aos pouquinhos. Você não pode ver a flor em lugar nenhum. Só quando ela sobe e se abre no topo é que ela é vista.

Exatamente da mesma maneira, o riso deve começar nos pés e depois subir.

O MÉTODO
Ria com totalidade

QUANDO: Assim que acordar pela manhã e pouco antes de ir dormir à noite.
ONDE: Sentado no chão ou na cama.
DURAÇÃO: Dez minutos bastam.

O ideal é que seja um processo regular durante dez dias.

Além disso, ao longo dos dias seguintes, sempre que houver oportunidade, não a deixe escapar: ria!

Primeiro, sente-se no chão ou na cama e feche os olhos. Agora, comece a sentir que o riso está vindo das solas dos pés, como ondas muito sutis. Então, elas chegam à barriga e ficam mais visíveis; a barriga começa a tremer e se sacudir. Depois leve as ondas de riso até o coração, e o coração se sentirá muito pleno. Em seguida, leve-as até a garganta e, por fim, aos lábios.

O riso deve começar nos pés e ir subindo. Permita que o corpo todo seja sacudido por ele. Sinta a vibração e colabore com ela. Não fique rígido; relaxe. *Coopere com o riso*. Mesmo que no começo você exagere um pouco, isso será bom. Se sentir que a mão está tremendo, ajude-a a se sacudir mais, para que a energia comece a ondular, a correr. Depois, comece a rolar e gargalhar.

Esta meditação deve ser feita à noite, antes de dormir. Dez minutos bastam. Pela manhã, assim que acordar, você pode praticá-la outra vez ainda na cama. Assim, será a última coisa à noite e a primeira pela manhã.

O riso da noite influenciará a qualidade do seu sono. Seus sonhos ficarão mais alegres, mais hilariantes, e despertarão seu riso matutino. E o que você faz assim que acorda de manhã cedinho, seja o que for, dita o tom do dia inteiro.

Se fica com raiva ao acordar, isso se torna uma corrente. Uma raiva leva a outra, depois outra e mais outra. Você se sente muito vulnerável; qualquer coisinha lhe causa mágoa, soa ofensiva. O riso é realmente a melhor maneira de iniciar o dia, mas que seja por inteiro, com o corpo todo.

Ao longo do dia, sempre que houver oportunidade, não a deixe escapar: ria!

VIVER DIVERTIDAMENTE

Ao aceitar as coisas com
tranquilidade e sem forçar,
depois de algum tempo a torrente de
pensamentos cessa naturalmente,
e a verdadeira face vem à tona.
– Bukko, mestre zen

Bukko alcançou a expressão suprema da experiência do próprio ser. Raras vezes um mestre foi tão bem-sucedido em suas declarações quanto Bukko.

É o que venho dizendo: ser um buda não é muito difícil. Não é uma realização que exija um prêmio Nobel. É a coisa mais fácil do mundo, porque já aconteceu sem que você soubesse.

O buda já respira dentro de você. Ele só precisa de um pequeno reconhecimento, de uma pequena virada para dentro – e não deve ser forçado. Se forçar esse delicado processo, você vai errar. Olhe para dentro com leveza, não a sério. É o que ele quer dizer com "aceitar as coisas com tranquilidade". Não leve nada a sério.

Você recebeu sua vida sem nenhum esforço, está vivendo sem nenhum esforço. Você respira perfeitamente bem sem precisar ser lembrado disso; seu coração continua a bater mesmo durante o sono; a existência é tão tranquila para você! Mas você não é tão tranquilo com a existência. Seus punhos estão muito cerrados. Você quer que tudo se transforme numa conquista.

A iluminação não é uma conquista. De que modo o que você já tem seria uma conquista? O mestre autêntico simplesmente tira coisas que você não tem e acredita que tem e lhe dá o que você já tem. A função do mestre é a do cirurgião: cortar fora tudo o que não é você e deixar só o núcleo essencial – o ser eterno.

Não há nenhum problema e nenhum risco em aceitar as coisas com tranquilidade, mas as pessoas as recebem com muita tensão. Levam tudo muito a sério, e isso estraga toda a brincadeira.

Lembre-se: a vida é uma brincadeira. Quando você entende isso, um profundo divertimento surge por conta própria. O importante não é a vitória; é brincar por inteiro, com alegria, dançando.

O MÉTODO
Momentos de meditação inconsciente

No passado, a entrada de informações novas ocupava um décimo do tempo da pessoa, e o tempo meditativo, nove décimos. Agora acontece o inverso. É raríssimo relaxar; é raríssimo ficar sentado em silêncio, sem fazer nada. Até aquele um décimo de tempo meditativo inconsciente está desaparecendo. Quando isso acontecer, o homem ficará absolutamente louco. E já está acontecendo.

O que quero dizer com tempo meditativo inconsciente? Você simplesmente ir ao jardim, brincar com seus filhos; ou nadar na piscina; ou cortar a grama do quintal; ou escutar os passarinhos – tudo isso é tempo meditativo inconsciente. E esses momentos estão diminuindo cada vez mais, porque, sempre que têm algum tempo, as pessoas ficam sentadas diante da TV, coladas na poltrona.

Enquanto você vê as notícias, todo tipo de bobagem lhe é apresentada. Sempre que está à toa, você mexe no celular ou liga a TV, e informações perigosíssimas são postas em sua mente. E quando está se sentindo muito bem, vai ao cinema para relaxar. Mas que tipo de relaxamento é esse?

Relaxamento significa não ter nenhuma informação sendo jogada em você.

Escutar o canto dos passarinhos é relaxar, porque nenhuma informação lhe é passada. Assim como escutar uma música que não tenha letra, que seja puro som; ela não transmite nenhuma mensagem, simplesmente o encanta. Dançar é bom, ouvir música é bom, trabalhar no jardim é bom, brincar com as crianças é bom e até ficar sentado sem fazer nada é bom. Essa é a cura para a epidemia de neurose. E, se fizer isso conscientemente, o impacto será maior.

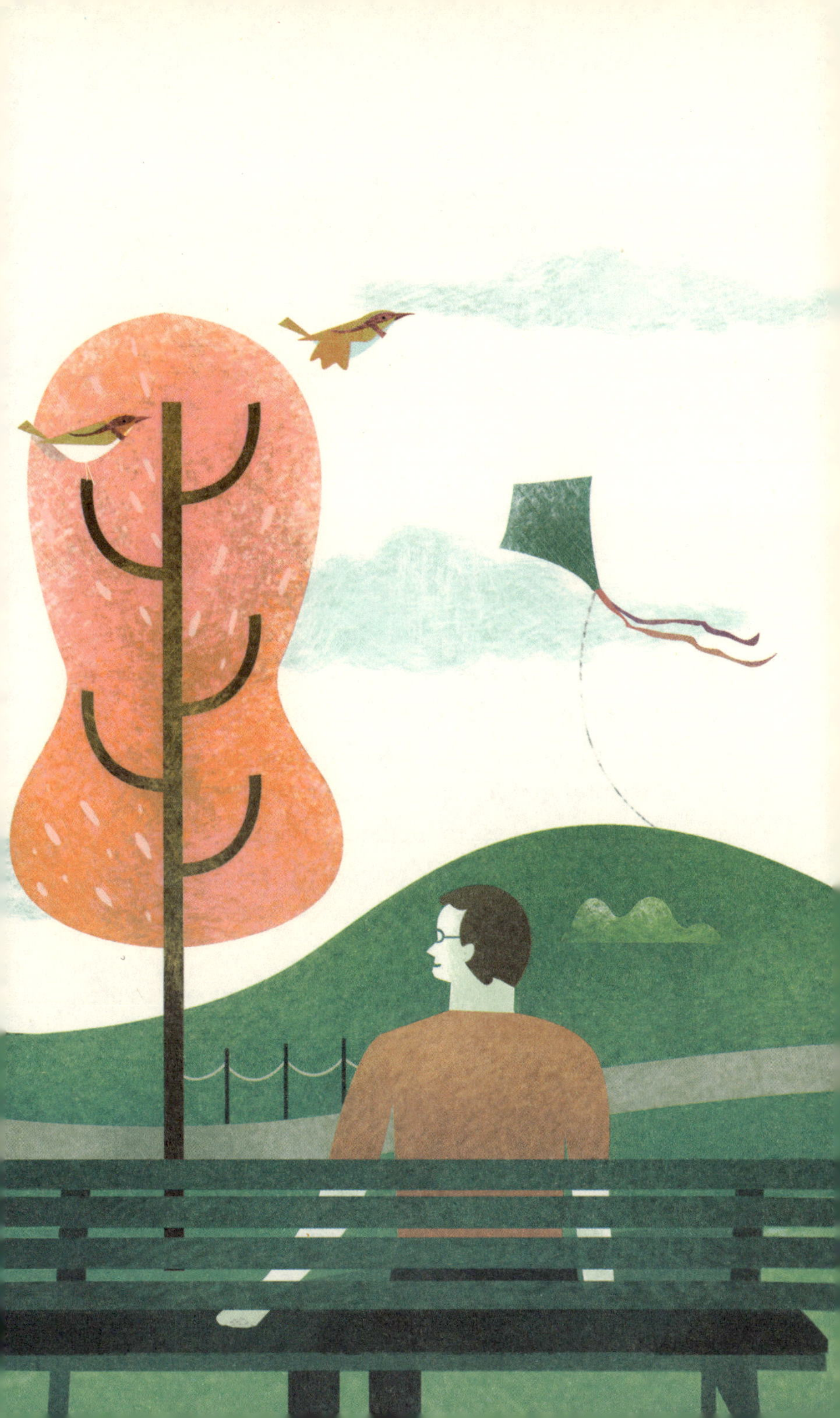

RAÍZES E ASAS

Criança espera no chão.
Pardal e nuvem
cada vez mais altos.
– Sampu

Esse é um singelo haicai.

Quando Sampu diz "Criança espera no chão", significa que ela está no útero da mãe aguardando para vir à terra. Primeiro é preciso ter raízes no solo; só então se pode espalhar os galhos no céu, como asas. Se não tiver raízes, você não pode abrir suas asas no céu. Quanto mais profundas as raízes, mais alto cresce a árvore, quase chegando às estrelas.

Só um pintor do Ocidente, Vincent van Gogh, teve uma visão tão formidável assim – quase a visão de um místico, muito perto de um buda. Ele sempre pintava suas árvores ultrapassando as estrelas.

Muitos lhe perguntavam:

– O que está fazendo? Isso é loucura. Nenhuma árvore vai além das estrelas!

E ele dizia:

– Tenho me sentado ao lado das árvores, escutando para onde vão, e sempre ouço que as árvores são a ambição da terra de alcançar as estrelas. Meus quadros não são factuais, mas poéticos. Eles são a ambição da terra de alcançar as estrelas.

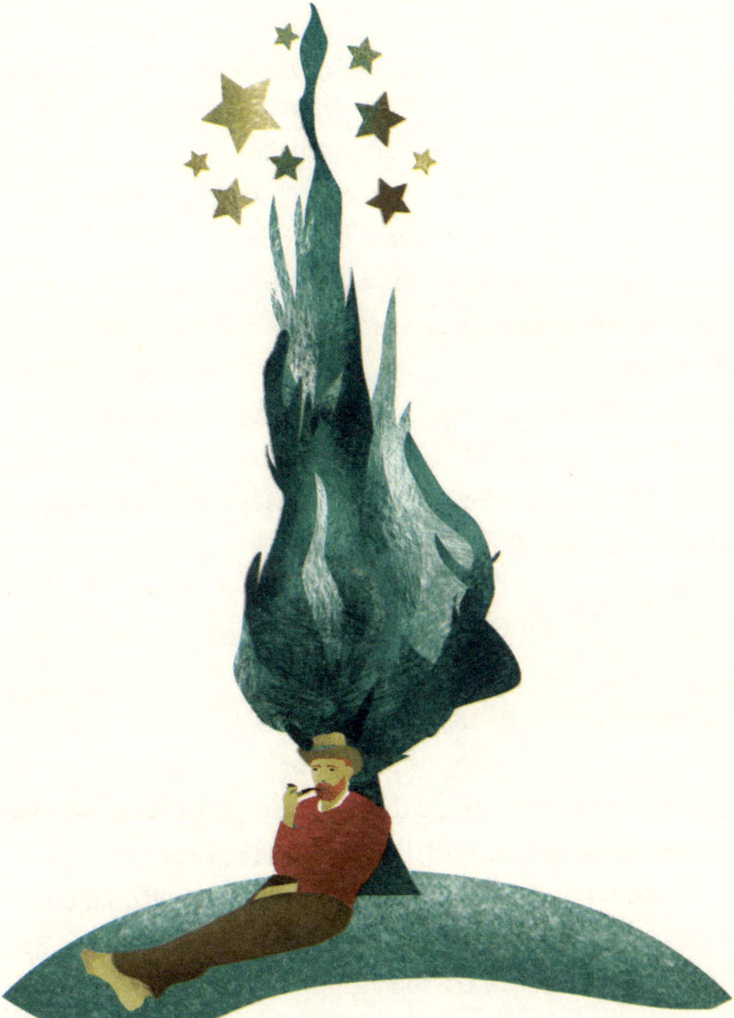

Sampu está dizendo que é preciso ter suas raízes bem fundo no chão, porque, se não tiver, você não poderá subir ao céu, não poderá ser um cedro-do-líbano com 120 metros de altura. O equilíbrio é necessário, senão a árvore cairá.

Esta é uma de minhas abordagens básicas e essenciais: se não estiver profundamente enraizado no materialismo, você não pode se elevar até a espiritualidade.

O Oriente cometeu um erro: tentou alcançar as estrelas sem ir fundo no chão, e fracassou completamente. O Ocidente cometeu outro erro: continuar criando raízes no chão, na matéria, e se esquecer completamente das estrelas.

Daí minha ênfase constante em que cada um de vocês tem que ser Zorba, o Buda. Zorba são as raízes no chão, Buda é o anseio de voar para a suprema liberdade, alcançando assim o espaço ilimitado.

> Criança espera no chão.
> Pardal e nuvem
> cada vez mais altos.

... E um pássaro, um pardal na nuvem, sobe cada vez mais no céu. Ambos precisam de uma grande síntese.

Nosso mundo sofre porque não conseguimos criar uma síntese entre Oriente e Ocidente, entre terra e céu, entre espírito e matéria, entre seu interior e o exterior. A não ser que alcance essa grande síntese, a humanidade não terá esperança.

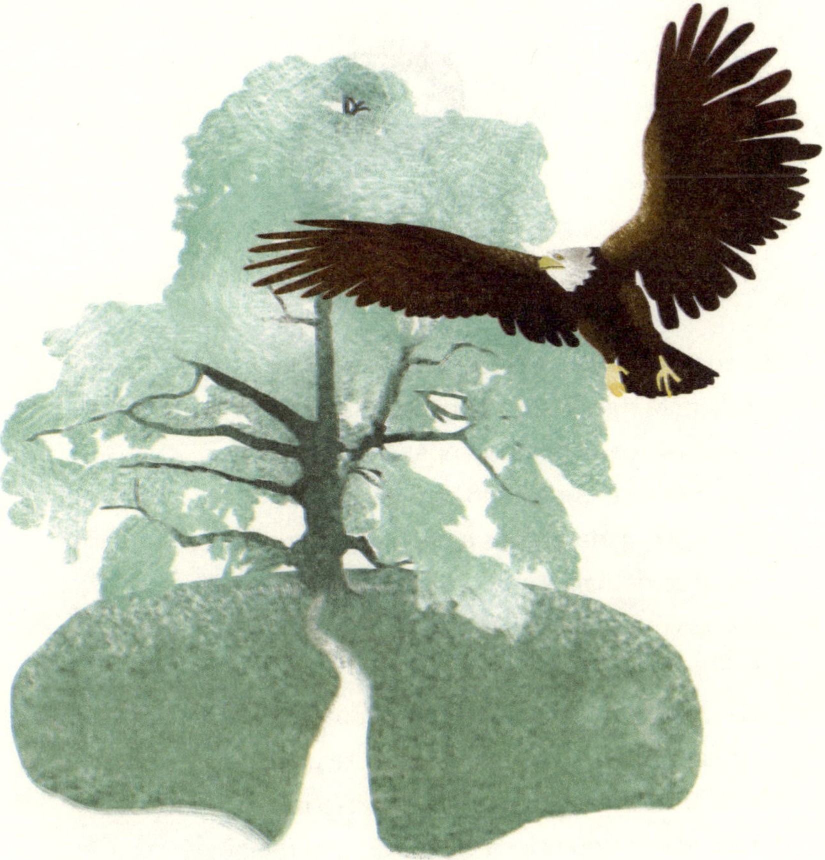

A ESTRATÉGIA
Crie um equilíbrio dinâmico

A neurose nunca foi tão epidêmica no passado como é agora. Está quase se tornando o estado normal da mente humana. Há que compreender isso melhor.

A neurose é um estado desequilibrado da mente: atividade demais e nenhuma inatividade, masculino demais e nenhum feminino, *yang* demais e pouquíssimo *yin*. É preciso ser meio a meio, manter um equilíbrio profundo.

O indivíduo não é macho nem fêmea; ele é uma simples unidade. Esforce-se para atingir essa unidade entre o tempo gasto fazendo e o tempo gasto não fazendo. Isso é totalidade, é o que Buda chamava de caminho do meio.

Lembre-se: você pode se desequilibrar em qualquer dos extremos; pode ficar ativo demais ou inativo demais. Cada opção tem seus próprios riscos e suas próprias armadilhas. Se ficar inativo demais, sua vida perde a dança, a alegria, e você começa a morrer. Portanto, não estou dizendo para ficar inativo; estou dizendo para equilibrar-se entre ação e inação. Que as duas se equilibrem, e que você fique bem no meio. Que elas sejam duas asas de seu ser.

No Ocidente, a ação ficou grande demais e a inação desapareceu. No Oriente, foi o oposto. O Ocidente conhece a abundância, riqueza por fora, pobreza por dentro; o Oriente conhece a riqueza, abundância por dentro, pobreza por fora. Ambos sofrem, porque ambos escolheram extremos.

Minha abordagem não é oriental nem ocidental; não é masculina nem feminina; não é de ação nem de inação. Minha abordagem é de equilíbrio absoluto, de simetria em você.

Por isso, digo aos que buscam a verdade: não saiam do mundo; estejam no mundo mas não sejam dele. É isso que os taoístas chamam de *wu wei*, ação pela inação. O encontro de *yin* e *yang*, de *anima* e *animus*, traz iluminação. Desequilíbrio é neurose, equilíbrio é iluminação.

DESPERTAR OS SENTIDOS
Audição

A mente criou escudos para se proteger porque, sem saber, você é bombardeado continuamente por ondas de pensamento de todos que o cercam. Toda pessoa sentada ao seu lado lança ondas de pensamento à sua volta; todo mundo é uma estação de transmissão. Você não ouve, a pessoa não grita, mas essas ondas levam os pensamentos dela em sua direção.

É por isso que muitas vezes você fica intrigado: de repente, lhe veio um pensamento, e parecia não haver razão para ele ter aparecido naquele momento. Ora, talvez aquele pensamento não fosse seu; talvez ele pudesse ser apenas o pensamento da pessoa sentada ao seu lado.

É como as ondas de som que transmitem mensagens. Elas estão passando agora mesmo, mas você não as ouve; no entanto, se acrescentar um pequeno receptor, pode passar a captá-las.

Para se proteger, cada mente criou um sutil muro para

rechaçar esses pensamentos, para que não entrem em sua mente. Isso foi bom no começo, mas aos poucos esse muro cresceu tanto que agora não deixa passar nada. Mesmo que você queira que deixe passar alguma coisa, ele não está mais sob seu controle.

A única maneira de romper esse controle é a mesma usada para romper seus próprios pensamentos: tornar-se testemunha deles. Quando seus pensamentos começarem a desaparecer, a necessidade do muro para proteger esses pensamentos não existirá mais; o muro começará a cair.

Todos esses fenômenos são abstratos, você não pode vê-los – mas os efeitos existem. Só quem sabe meditar sabe escutar, e só quem sabe escutar sabe meditar, porque são a mesma coisa.

O MÉTODO
Desenvolva a arte de escutar

Você pode fazer isso sentado à sombra de uma árvore, em sua cama ou em qualquer lugar.

Tente escutar o ruído do tráfego, mas de forma intensa e plena, sem qualquer julgamento.

Seus pensamentos cairão e, com eles, seu muro – e, de repente, uma lacuna se abrirá, levando você para o silêncio e a paz.

Durante séculos, essa foi a única maneira de alguém se aproximar da realidade de seu próprio ser e do mistério da existência. Quando isso acontece, você começa a se sentir mais calmo, feliz, realizado, contente, bem-aventurado. Chega um ponto em que você está tão cheio de bem-aventurança que pode compartilhá-la com o mundo inteiro, sem que ela diminua.

Primeiro, aprenda o método; depois, use-o sempre que puder, onde puder.

Sempre que tiver tempo sobrando, guarde-o para a meditação. Não peço nenhuma outra mudança em sua vida. Apenas aproveite esse tempo que você já tem.

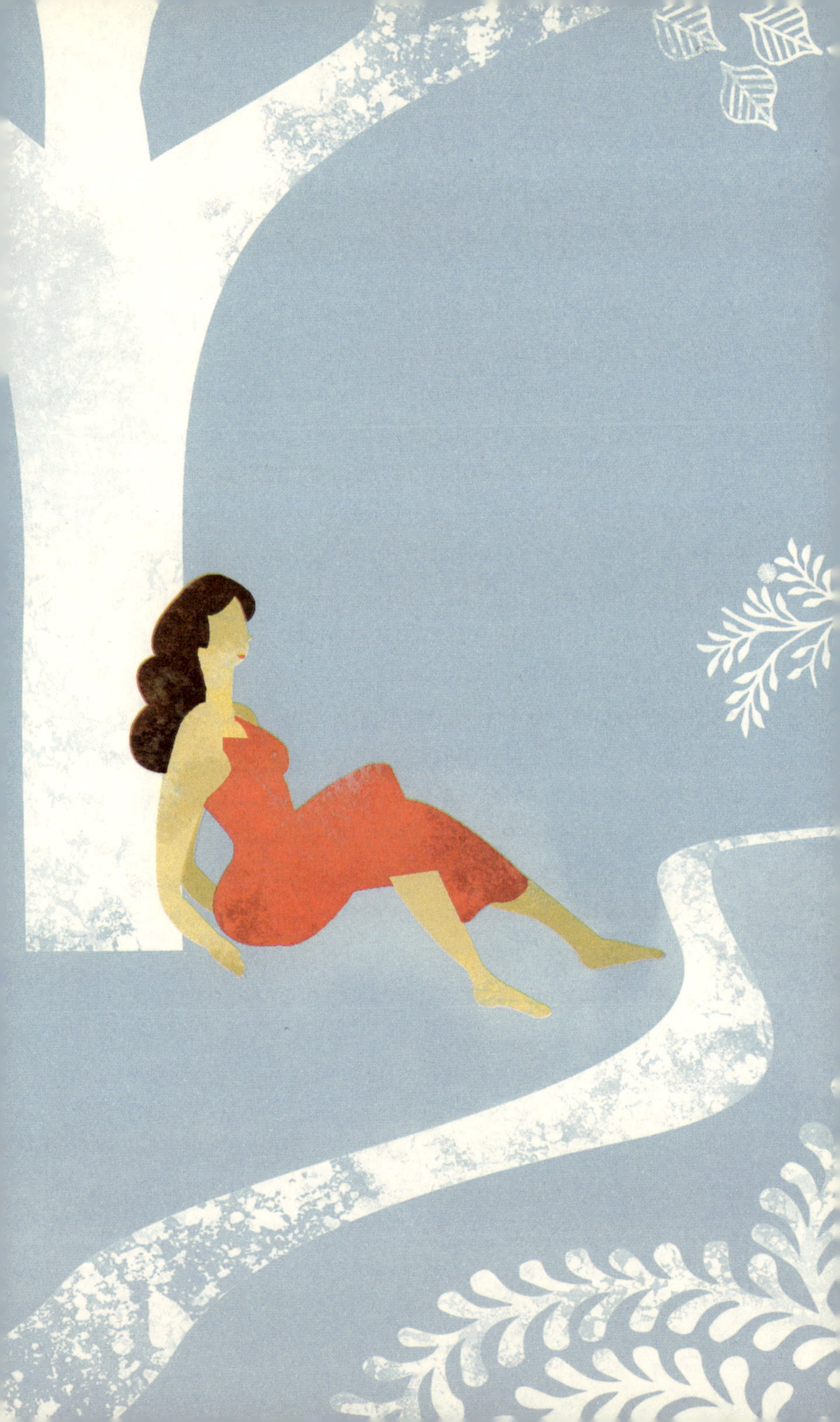

O PODER DE SER NEUTRO

Você não deve fazer nada para ficar sem pensar, porque *qualquer* coisa que fizer será mais um pensamento. Aprenda a ver a procissão dos pensamentos e ficar na calçada, como se não lhe importasse o que está passando. Se conseguir lidar com seus pensamentos de maneira que eles não mereçam muita preocupação, então, tranquilamente, aos poucos, a caravana de pensamentos que durou milhares de anos desaparecerá.

Entenda uma coisa simples: dar atenção é nutrir. Se não der atenção, se permanecer despreocupado, os pensamentos começarão a definhar. Eles não têm nenhum outro jeito de obter energia, nenhuma outra fonte de vida. Você é a energia que os alimenta, e, como continua a lhes dar atenção e a levá-los a sério, acha dificílimo se livrar deles. É a coisa mais fácil do mundo, mas deve ser feita do jeito certo.

O jeito certo é só sair do caminho e ficar à margem. Observe o tráfego; deixe-o passar. Não faça qualquer julgamento, não qualifique como bom ou mau; não aprecie, não condene.

Tendemos a raciocinar assim: se temos que ficar sem pensamentos, por que não forçar os pensamentos a saírem? Por que não jogá-los fora? Mas, por meio do próprio ato de forçá-los, você lhes dá energia, lhes alimenta. Você os registra e os torna importantes, tão importantes que, sem jogá-los fora, é incapaz de meditar.

Tente jogar fora um único pensamento e veja como é difícil fazer isso. Quanto mais tenta se livrar dele, mais ele volta! Ele gostará muito dessa brincadeira, e você será finalmente derrotado, pois pegou o caminho errado.

Não se pode reprimir nenhum pensamento. O próprio processo de reprimir dá energia, vida e força a ele. E enfraquece você, que se torna um parceiro derrotado no jogo. A coisa mais fácil é não forçar, só ser testemunha. Se um macaco aparecer, que venha. Diga "Olá" e ele irá embora. Mas não lhe diga para ir embora. Só seja testemunha de que o macaco veio, ou de que mil macacos vieram. Que importa? Não é da sua conta. Talvez estejam a caminho de alguma reunião, de algum festival religioso, então deixe que passem. E logo a multidão desaparecerá, vendo que "a pessoa não está interessada".

Todos os seus pensamentos estão na mesma categoria. Nunca force nenhum deles a ir embora, senão eles voltarão com mais energia. E a energia é sua! Esse caminho está fadado ao fracasso. Quanto mais energia você empregar na tentativa de empurrar os pensamentos para fora, mais forte eles voltarão.

A ÚNICA MANEIRA
de ficar sem pensamentos

A única maneira de ficar sem pensamentos é não prestar atenção neles. Apenas observe em silêncio todos os tipos de coisas; permita que passem. Logo você encontrará uma estrada vazia e, quando encontrá-la, terá encontrado também a mente vazia – naturalmente. Tudo o que existe fora e dentro cessa, e a tranquilidade traz um silêncio absoluto.

Digo por experiência própria que você pode simplesmente se sentar ou se deitar e deixar os pensamentos passarem. Eles não deixarão nenhum vestígio. Só não demonstre interesse, nem *desinteresse* – seja neutro. Ser neutro é ser tranquilo; é pegar de volta a própria força da vida que você deu a seus pensamentos.

O homem sem pensamentos de repente fica muito cheio de energia, pois não a desperdiça mais com eles. Enquanto os nutria, ele perdia suas forças. Os pensamentos prometem que grandes coisas virão, mas, no momento em que obtêm poder, esquecem todas as promessas, como fazem os políticos desde que o mundo é mundo.

ATIVE SUA CONSCIÊNCIA

A consciência é simples e muito inocente. Todo mundo tem, então não é uma questão de conquista. Uma pergunta errada leva a outra: primeiro você pergunta o que é a consciência certa, depois quer saber como conquistá-la. Ora, você já a tem.

Quando vê o pôr do sol, você não está consciente? Quando vê uma rosa, não está consciente? Você está consciente do lindo pôr do sol e da linda rosa; só é necessário que você se torne consciente também da sua consciência. Essa é a única coisa que tem que ser acrescentada, o único aperfeiçoamento.

Você tem consciência de objetos, mas precisa ter consciência da sua subjetividade. Quando olha o pôr do sol, fica tão absorto diante de sua beleza que se esquece completamente de que apenas uma coisa lhe possibilita conhecer a beleza do pôr do sol: sua consciência. Porque ela está concentrada num objeto – o pôr do sol, o nascer do sol, a lua. Largue o objeto e permaneça mergulhado em pura consciência, em silêncio, em paz.

O MÉTODO
Apenas observe

A consciência é o processo de estar cada vez mais desperto.

Seja lá o que estiver fazendo, você pode fazer como um robô, mecanicamente. Observe e responda: o modo como você anda é atento ou é apenas um hábito mecânico?

Você tem a consciência, só que não a aplicou. Para que ela se torne cada vez mais aguçada, aplique-a. Sem uso, ela ficará juntando poeira.

Em qualquer ato – andar, comer, beber –, assegure-se de ter uma corrente de consciência sempre fluindo em paralelo. E toda a sua vida começará a ter uma fragrância mística.

Toda consciência é certa, e toda falta de consciência é errada.

UMA XÍCARA DE MEDITAÇÃO

Sempre que tiver alguns minutos, relaxe o sistema respiratório. Pode ser sentado no trem ou no metrô, no avião ou no carro. Apenas o deixe funcionar naturalmente. Então, feche os olhos e observe o ar entrando, saindo, entrando, saindo...

Não se concentre. Quando se concentra, você cria problemas, porque aí tudo vira perturbação. Quando tenta se concentrar sentado no carro, o barulho do carro se torna uma perturbação, a pessoa sentada ao seu lado se torna uma perturbação.

Meditação não é concentração. É mera consciência. Você simplesmente relaxa e observa a respiração. Nesse observar, nada é excluído. Um carro passa zunindo – tudo bem, aceite. Alguém toca a buzina – faz parte. O passageiro ronca ao seu lado – tudo bem também. Nada deve ser rejeitado. Não estreite sua consciência.

A concentração é um estreitamento da consciência. Concentrado, você se torna unidirecionado, mas todo o resto vira competição. Você luta com tudo o mais porque tem medo de perder o foco. Há o risco de se distrair, e isso é perturbador. Então você precisa de reclusão, do Himalaia. Precisa de um quarto onde possa se sentar em silêncio, sem ninguém para distraí-lo.

Não é por aí. Isolar-se não pode se tornar um processo da vida. O isolamento traz alguns bons resultados – você se sentirá mais tranquilo, mais calmo –, mas são temporários. Quando não tiver as condições para alcançar esse estado, os resultados se perderão.

Uma meditação em que você necessita de determinados requisitos, em que certas condições precisam ser cumpridas, não é uma meditação, porque você não será capaz de fazê-la quando estiver morrendo. A morte será uma baita distração. Quando a vida o distrair, pense na morte. Se você não conseguir morrer meditativamente, aí a coisa toda será inútil, perdida. Você morrerá tenso, ansioso, sofrendo, em agonia, e criará imediatamente seu próximo nascimento do mesmo tipo.

Que a morte seja o critério; tudo o que puder ser feito em qualquer lugar, sem nenhuma condição necessária, mesmo que você esteja morrendo, é real. Quando as condições forem boas, aprecie-as. Quando não forem, não permita que faça diferença.

E não tente controlar a respiração. Todo controle é da mente, e assim a meditação nunca pode ser uma coisa controlada. A mente não consegue meditar. A meditação é algo além da mente, ou abaixo da mente, mas nunca dentro da mente. Assim, quando a mente permanece vigiando e controlando, não é meditação; é concentração.

A concentração é um esforço da mente. Leva as qualidades da mente ao ponto máximo. O cientista se concentra, o soldado se concentra, o caçador, o pesquisador, o matemático, todos se concentram. Essas são atividades da mente.

Não há necessidade de marcar um horário fixo para a meditação. Use o tempo que estiver disponível. Quando tiver dez minutos no banheiro, apenas fique sob o chuveiro e medite.

Medite por intervalos curtos, de cinco minutos, só quatro ou cinco vezes por dia, e você verá que isso se torna uma nutrição constante. Não é preciso meditar durante 24 horas.

Uma xícara de meditação já resolve; não há necessidade de beber o rio inteiro. E que seja o mais fácil possível, o mais natural possível, quando tiver tempo.

Não transforme a meditação em hábito, porque todos os hábitos são da mente, e a pessoa real não tem hábitos.

MEDITAÇÃO EM QUALQUER LUGAR

"Vinte minutos de meditação por dia são suficientes?"

Mas que mesquinharia! Será mesmo que você só consegue dispor de vinte minutos nas 24 horas do seu dia? Nem mesmo 24 minutos?!

Parece que meu ponto de vista básico não está sendo compreendido. Não quero que você pense na meditação em termos de limites. *Quero que a meditação se torne sua própria vida.* No passado, uma das falácias era sugerir que você precisava meditar vinte minutos, ou três vezes por dia, ou cinco vezes por dia... Essa sugestão vinha de religiões diferentes, mas a ideia básica era que alguns minutos por dia deveriam ser dedicados a essa prática.

E o que você fará no tempo restante? Seja o que for que ganhará em vinte minutos, o que vai fazer nas 23 horas e quarenta minutos restantes? Algo antimeditativo? Desse jeito, seus vinte minutos serão anulados. Os inimigos são muito grandes, e você está dando muito poder e energia a eles e só vinte minutos para a meditação.

No passado, a meditação não conseguiu provocar uma revolução no mundo por causa dessas falácias. Elas são a razão para eu querer que você olhe a meditação de um ponto de vista totalmente diferente. Você pode aprender a meditar por vinte ou quarenta minutos – aprender é uma coisa –, mas depois tem que levar consigo o que aprendeu, dia sim e o outro também. A prática precisa se tornar tão presente quanto os batimentos de seu coração.

Ninguém perguntaria: "Respirar vinte minutos por dia é suficiente?" Mesmo enquanto dorme, você continua respirando. A natureza não deixou as funções essenciais do seu corpo e da sua vida em suas mãos. Ela não confiou em você, porque, se a respiração estivesse em suas mãos, você começaria a pensar em quanto tempo deveria respirar e se está certo respirar enquanto dorme.

Seus batimentos cardíacos, a circulação do sangue, não estão sob seu controle. A natureza manteve tudo o que é essencial nas próprias mãos. Você não é confiável, você pode esquecer, e aí não haverá tempo nem para dizer "Desculpe, esqueci de respirar. Só me dê mais uma chance!".

Mas a meditação não faz parte de sua biologia, de sua fisiologia, de sua química; ela não faz parte do fluxo natural da sua vida. Se quiser permanecer só como ser humano pela eternidade, você pode. Você é perfeitamente capaz de gerar filhos, e isso basta. Você morrerá, seus filhos prosseguirão. Eles continuarão a fazer as mesmas burrices que você está fazendo. Alguns entrarão na congregação, irão à igreja; outro idiota dará sermões, e a coisa toda vai continuar; não se preocupe.

A natureza chegou a um ponto em que só pode permitir que você cresça se assumir a responsabilidade individual. Mais do que isso, ela não pode fazer. Já fez o bastante: ela lhe deu vida, lhe deu oportunidade. E deixou a seu cargo a questão de como usá-las.

O MÉTODO
Leve o sabor consigo

A meditação é sua liberdade, não uma necessidade biológica. Você pode começar a praticá-la num determinado período todo dia para fortalecê-la, para deixá-la mais potente; mas leve consigo seu sabor o dia inteiro.

Primeiro, assim que acordar, agarre imediatamente o fio de alerta e consciência, porque esse é o momento mais precioso para capturá-lo. Ao longo do dia, você acabará se esquecendo, mas nunca se repreenda por isso, porque é pura perda de tempo. No momento em que se lembrar, simplesmente fique alerta.

Em meus ensinamentos, não há lugar para reprimenda e arrependimento. O que aconteceu já ficou para trás. Agora não há necessidade de perder tempo com isso. Agarre de novo o fio da consciência. Aos poucos, você será capaz de ficar alerta o dia todo: um fluxo de consciência em todo ato, em todo movimento, em tudo o que estiver fazendo ou não fazendo. Algo subjacente estará fluindo continuamente.

Mesmo quando for dormir, só largue o fio no último momento. A última coisa que faz antes de adormecer será a primeira que você vai fazer quando acordar. Experimente. Qualquer pequena experiência bastará para comprovar.

Antes de cair no sono, repita o seu nome; semiacordado, semidormindo, continue repetindo. Lentamente você se esquecerá de repetir, porque sentirá cada vez mais sono e o fio se perderá. Ele só se perde porque você está dormindo, mas continua sob seu sono. É por isso que, pela manhã, quando você acordar, bastará olhar em volta. A primeira coisa de que se lembrará será seu nome. Você ficará surpreso. "Por quê? O que aconteceu?" Você dormiu oito horas, mas uma corrente subterrânea continuou fluindo.

E, conforme as coisas ficarem mais profundas e mais claras, até no sono você poderá se lembrar de que está dormindo. O sono se torna quase uma coisa fisiológica, e seu espírito, seu ser, vira uma chama de consciência separada dele. Não perturba seu sono; simplesmente o deixa muito leve. Ele se tornará tênue, uma camada levíssima, e seu interior permanecerá alerta. Do mesmo modo que ficou alerta durante o dia, finalmente você ficará mais alerta à noite, porque está muito sereno, muito relaxado.

Você pode praticar a meditação por vinte minutos todo dia para aprender, para renovar, para ganhar mais energia e mais raízes; mas não se satisfaça pensando que isso basta. Foi assim que toda a humanidade fracassou, mesmo tendo tentado de um jeito ou de outro. Tão poucas pessoas tiveram sucesso que, aos poucos, muita gente parou até de tentar, porque o sucesso parecia muito distante. A razão é que só vinte ou dez minutos não adiantam.

Entendo que você tem muitas coisas a fazer; mas arranje tempo. Permaneça alerta, permaneça consciente.

Então essa continuidade se tornará uma guirlanda 24 horas por dia.

SUA NATUREZA ESSENCIAL
• • • • • • • • • • • • • • • •

"O que é consciência?
Por que ela se perde e como posso recuperá-la?"

A consciência nunca se perde. Ela simplesmente se emaranha com o outro, com os objetos. Ela é sua natureza, mas você pode concentrá-la no que quiser. Quando se cansar de concentrá-la no dinheiro, no poder, no prestígio, e chegar àquele grande momento em que você quer fechar os olhos e concentrar sua consciência na fonte dela, nas raízes dela, numa fração de segundo sua vida se transformará.

O processo é muito simples. O passo é um só: entregar-se.

No judaísmo, há uma escola mística chamada hassidismo. Seu fundador, Baal Shem, era um ser raro. Todos os dias, à noite, ele ia até um rio calmo e silencioso e costumava ficar simplesmente sentado lá, sem fazer nada – só observando seu próprio eu, vigiando o vigia.

Numa noite, quando voltava do rio, ele passou pela casa de um rico e o vigia estava à porta. O vigia ficou curioso, porque toda noite, exatamente naquela hora, aquele homem voltava do rio. Ele saiu e perguntou:

– Perdoe-me a intromissão, mas não consigo mais conter minha curiosidade. Qual é seu ofício? Por que vai ao rio? Segui o senhor muitas vezes, e não há nada ali... O senhor fica simplesmente horas sentado lá e, no meio da noite, volta.

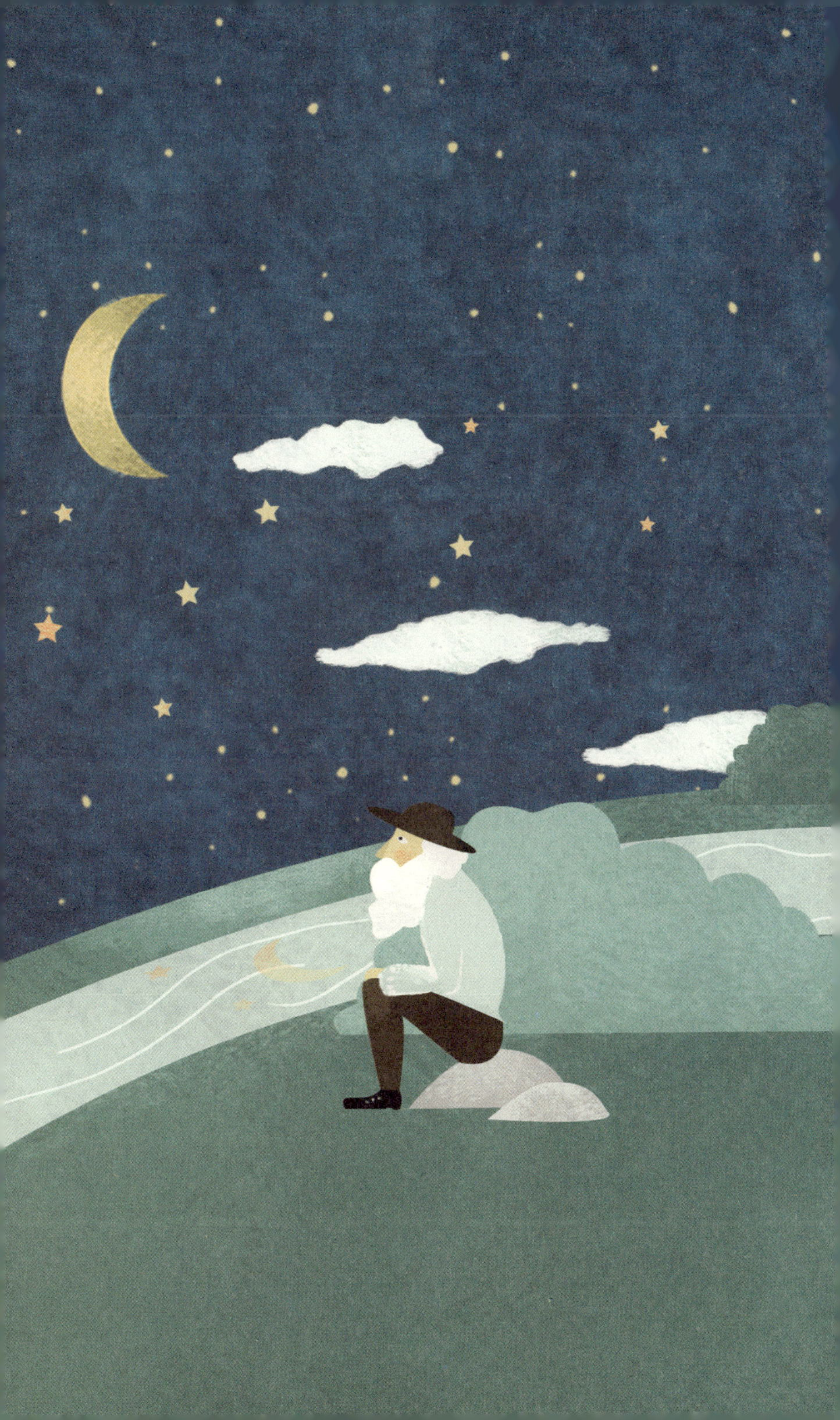

Baal Shem respondeu:

– Sei que o senhor me seguiu muitas vezes, porque a noite é tão silenciosa que consigo ouvir seus passos. E todo dia sei que o senhor está escondido atrás do portão. Mas também estou curioso a seu respeito. Qual é seu ofício?

– Meu ofício? – perguntou o homem. – Sou um simples vigia.

– Meu Deus! – exclamou Baal Shem. – O senhor me deu a palavra-chave. Esse é meu ofício também!

– Mas não entendo – insistiu o homem. – Se o senhor é vigia, deveria estar vigiando alguma casa, algum palácio. O que está vigiando lá, sentado na areia?

– Há uma pequena diferença. O senhor vigia alguém de fora que pode entrar no palácio; eu simplesmente vigio esse vigia. Quem é esse vigia? Esse é o esforço de toda a minha vida: eu vigio a mim mesmo.

– Mas que ofício estranho – comentou o vigia. – Quem paga o senhor?

– É tanta bem-aventurança, tanta alegria, uma bênção tão imensa, que o ofício se paga profundamente. Todos os tesouros não podem ser comparados a um único instante.

– Que estranho. Vigio a vida inteira. Nunca encontrei uma experiência assim tão bela. Amanhã à noite vou com o senhor. Apenas me ensine. Sei vigiar; parece que só é necessária outra direção; o senhor está vigiando numa direção diferente.

Só há um único passo, e esse passo é de direção, de dimensão. Podemos estar concentrados no lado de fora ou podemos fechar os olhos para o lado de fora e deixar toda a nossa consciência se centrar no interior. E você saberá, porque você é sabedor, você é consciência. Você nunca a perdeu; sua consciência apenas se emaranhou em mil e uma coisas. Afaste sua consciência de todos os lugares e deixe-a descansar dentro de si. Desse modo, você terá voltado para casa.

ESTÁ EM SUAS MÃOS

Muitos dos nossos problemas só existem porque nunca os enxergamos, nunca focamos neles para entender o que são. E não olhar para eles é lhes dar energia; ter medo deles é lhes dar energia; tentar sempre evitá-los é lhes dar energia – porque você os está aceitando. Sua própria aceitação é a existência deles. Sem sua aceitação, eles irão desaparecer.

Portanto, se abrir os armários, jogar luz sobre eles e olhar os esqueletos, você descobrirá que estão mortos. Ninguém abre os armários do inconsciente, onde há muitos esqueletos de vários tipos. Você mesmo os pôs ali, e agora tem medo deles! É preciso limpar a mente de toda a bagagem morta que enche sua vida e a torna tão sofrida. E ninguém, a não ser você, é responsável por isso.

Em primeiro lugar, você esconde coisas que não devia. É bom lhes dar expressão e libertá-las. Enquanto você as esconde, permanece hipócrita – acha que nunca sente raiva, nunca tem ódio, nunca é isso, nunca é aquilo. Mas tudo isso vai se acumulando lá dentro.

Essas coisas estão todas mortas. Não têm energia própria, a não ser que você as abasteça. Se você corta essa fonte de energia, se não se identifica com alguma coisa, ela morre imediatamente.

A não identificação é o outro lado da vigilância. Ame a beleza da vigilância e sua imensa capacidade de transformá-lo. Basta observar qualquer coisa para, de repente, ver que não há nada além de um esqueleto morto que nada pode fazer contra você. Mas você pode dar energia a ele. Desse modo, um esqueleto inofensivo consegue até matá-lo, consegue lhe provocar um infarto. Só de tentar escapar dele você lhe dá realidade; você lhe dá a vida.

Dê vida a coisas que sejam belas. Não dê vida a coisas feias. Você não tem muito tempo nem muita energia para desperdiçar. É burrice desperdiçar uma vida tão breve, uma fonte de energia tão pequena, com tristeza, raiva, ódio, ciúme, inveja. Use-a no amor, use-a em algum ato criativo, use-a na amizade, use-a na meditação; faça com ela algo que o leve mais alto. E quanto mais alto você for, mais fontes de energia se tornarão disponíveis para você.

No ponto mais alto da consciência, você é quase um deus. Mas não permitimos que esse momento nos aconteça. Continuamos caindo em espaços cada vez mais escuros, onde nós mesmos nos tornamos mortos-vivos.

A mudança está em suas mãos.

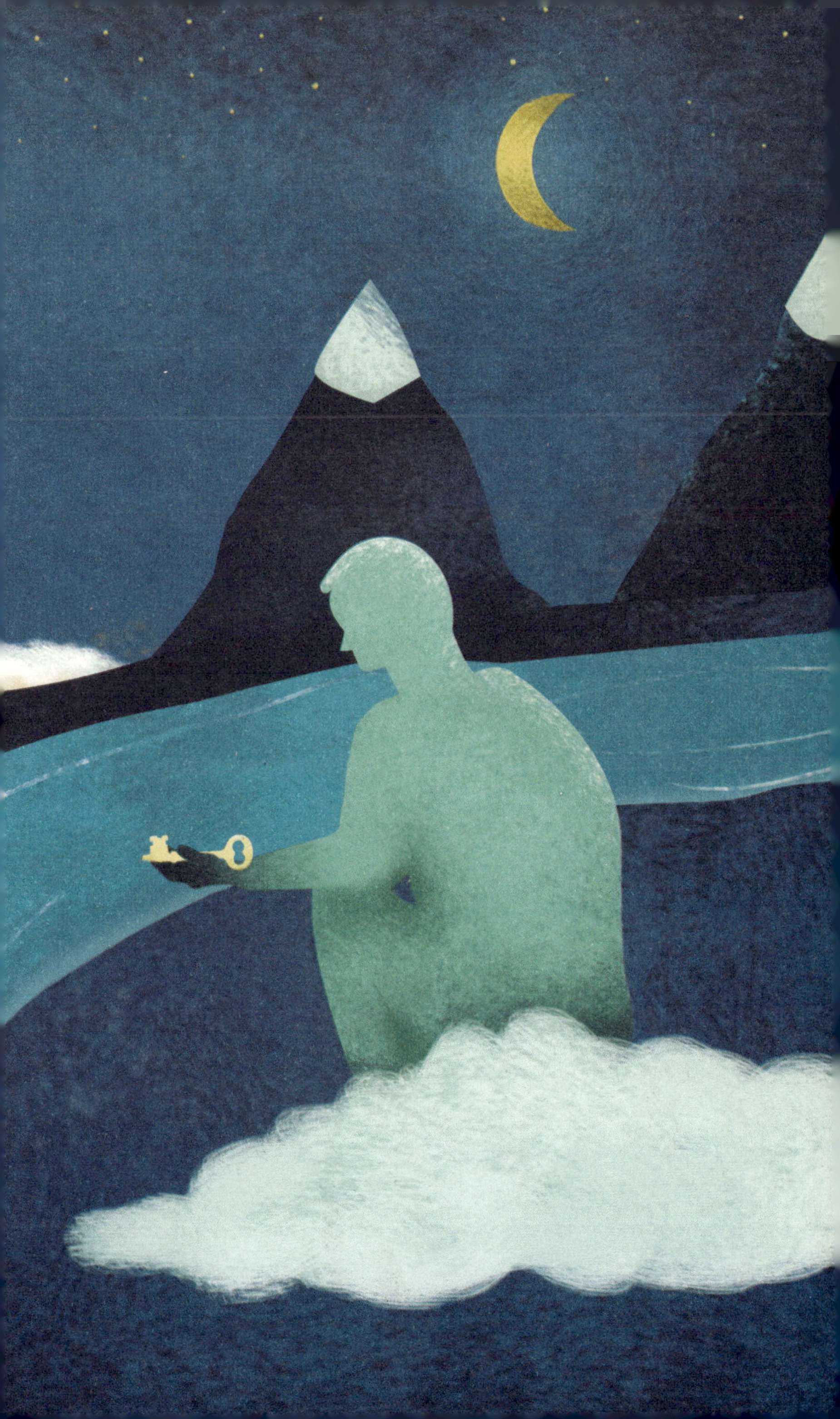

A BUSCA DA VERDADE

"Quando escuto as histórias de sua vida anterior, nunca tenho a impressão de que você se via como alguém numa busca espiritual. Você procurava a iluminação ou ela foi uma consequência da determinação irrepreensível de nunca ceder no que você achava ser verdade?"

Há coisas que não podem ser buscadas diretamente. Quanto mais valiosas, mais indiretamente se deve ir até elas. Na verdade, é preciso apenas fazer algo que prepare a situação em volta, na qual coisas como iluminação e verdade possam acontecer.

Você não pode sair procurando e buscando a verdade. Aonde irá? Cabul, Kullu-Manali, Catmandu, Goa e depois de volta para casa? Todos os que buscam a verdade fazem essa rota e retornam parecendo mais tolos que antes. Não encontram nada.

Aonde você irá para buscar a verdade? Você não conhece o caminho; não há mapa, não há instruções disponíveis. Ninguém sabe quando e onde é possível perceber a verdade.

Aquele que realmente busca a verdade nunca busca a verdade. Em vez disso, ele tenta se limpar de tudo o que é inverídico, inautêntico, insincero... E, quando seu coração está pronto, purificado, a convidada vem. Você não pode procurar a convidada, não pode ir atrás dela. Ela vem a você; só é preciso estar preparado. É preciso ter a atitude certa.

Nunca fui espiritual no sentido em que você entende a palavra. Nunca fui aos templos nem às igrejas, não li escrituras, não segui determinadas práticas para encontrar a verdade, não cultuei Deus nem rezei para Ele. Esse não foi meu caminho, de jeito nenhum. Assim, com certeza você pode dizer que eu não fazia nada espiritual. Mas, para mim, espiritualidade tem uma conotação totalmente diferente. Ela precisa de uma individualidade franca. Não permite nenhum tipo de dependência. Cria liberdade para si a qualquer custo. Nunca está na multidão, mas a sós, porque a multidão nunca encontrou nenhuma verdade. A verdade só é encontrada na solitude das pessoas.

Portanto, minha espiritualidade tem um significado diferente de sua ideia de espiritualidade. Considero minhas histórias de infância espirituais, porque, para mim, elas me deram tudo a que o homem pode aspirar. Elas possuem uma qualidade intrínseca que, como uma linha fina, atravessa todas as minhas lembranças. E essa linha fina é espiritual.

Para mim, espiritualidade significa simplesmente encontrar-se. Nunca permiti que ninguém fizesse esse serviço em meu nome, porque ninguém pode fazer esse serviço em nome dos outros; é preciso fazê-lo em pessoa. E também não se pode fazê-lo diretamente; deve-se criar um certo ambiente no qual ele acontece. Iluminação, libertação, despertar, percepção – todas essas palavras apontam uma única coisa, que é um acontecimento.

Isso cria um tipo de medo em muita gente: "Se é um acontecimento, existe algo a fazer? O que acontecer, acontecerá." Não é assim. É um acontecimento, mas você pode fazer muito para preparar o terreno para que ele aconteça.

SILÊNCIO SEM ESFORÇO

As falas de Osho, dadas de improviso e sem o auxílio de anotações, a não ser por anedotas ou trechos de algum texto que ele comenta, são meditações em si.
Eis o que ele tem a dizer sobre isso:

As pessoas que conheceram a verdade escolheram falar em vez de escrever. No mundo inteiro, em todos os séculos, em todo o mundo, elas escolheram falar. Há alguma importância fundamental nisso; não pode ser só coincidência. Todos sabem que a palavra não pode transmitir a verdade, mas a palavra falada pode, pelo menos, conter algo vivo.

Minha fala está sendo usada primeiro como estratégia para criar silêncio em você.

Não falo para ensinar coisas; falo para criar coisas. Não são aulas; são simplesmente um mecanismo para você ficar em silêncio, porque, se lhe pedirem que fique em silêncio sem fazer nenhum esforço, você terá grande dificuldade.

Não tenho nenhuma doutrina; minha fala, na verdade, é um processo de desipnose. Só por me escutar, aos poucos você se libertará de todos os programas em que a sociedade o forçou a acreditar.

Não estou interessado em nenhuma filosofia nem ideologia política. Estou interessado diretamente em transformar você.

Dar às pessoas uma pequena prova da meditação é minha razão básica para falar, e posso continuar falando eternamente. Tudo o que importa é que lhe dou algumas oportunidades de ficar em silêncio, algo que você acha difícil fazer sozinho no começo.

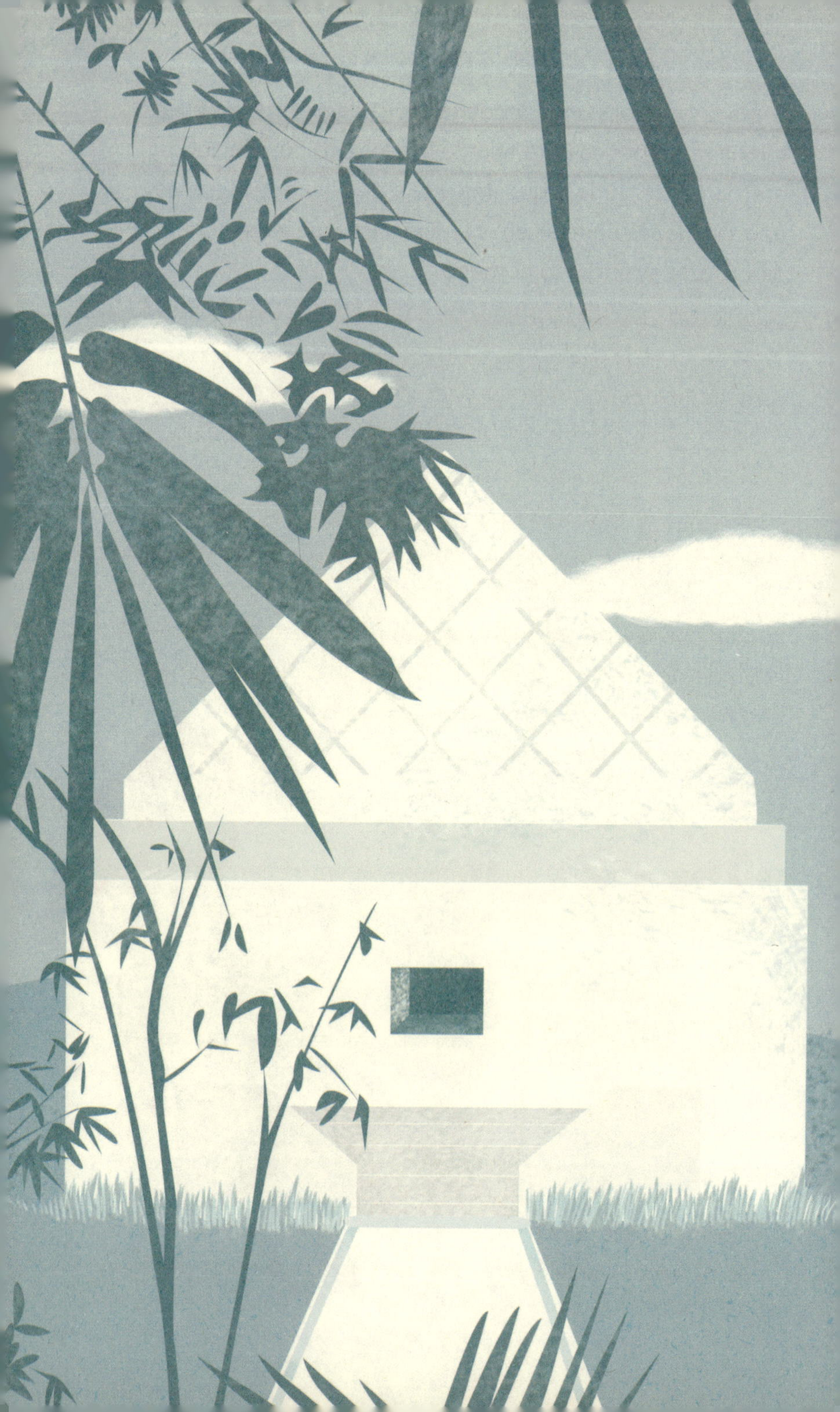

EPÍLOGO

Uma verdade que testemunho todo dia é que não se pode viver sem espiritualidade. Sem espiritualidade, algo na pessoa fica vazio e não realizado. Esse vazio começará a doer, e você não encontrará maneiras de preenchê-lo.

Esse é o estado do homem moderno. Mas não me preocupo com isso, porque nesse estado pode estar a única esperança para o futuro e a segurança da humanidade. Dessa dor nascerá uma sede que, se for bem direcionada, pode regenerar a espiritualidade mundial. Porque, assim como a noite escura é seguida pelo sol nascente, a alma do homem está muito perto de uma nova aurora.

"Osho, o que você está fazendo aqui exatamente?"

O mestre Sogaku Harada morreu com 91 anos. Em seu funeral, pendia uma peça caligráfica escrita por ele:

> Durante quarenta anos, vendi água junto
> à margem do rio.
> Ha, ha!
> Minha labuta foi totalmente sem mérito.

Só um mestre zen poderia dizer isso.

Primeiro, ele vende água junto ao rio, onde realmente não há necessidade. O rio está correndo. Basta pular nele e beber quanto de água quiser. Mas as pessoas são tão tolas que precisam de alguém que lhes venda água – mesmo junto ao rio.

Em segundo lugar, ele diz: "Minha labuta foi totalmente sem mérito." Essa é uma grande declaração. Os mestres zen dizem que, se você faz o bem, é inútil, porque basicamente tudo é o bem. Como se pode fazer mais bem? Se tornar as pessoas iluminadas, de que adianta? Elas já eram iluminadas; você não está fazendo nada de novo.

É muito ridículo para mim continuar iluminando você todo dia. E você é teimoso; não se tornará iluminado. Continuo vendendo água junto ao rio, e você paga pela água. Você não enxerga o rio, e ele corre ali do lado. Sempre esteve ali. Antes que a sede fosse criada, o rio estava ali. Antes do desejo, a realização.

Assim, você me pergunta: "O que está fazendo aqui exatamente?"

Estou vendendo água junto ao rio. Ha, ha!

SOBRE OSHO

A contribuição inigualável de Osho para a compreensão de quem somos foge à classificação. Místico e cientista, ele foi um espírito rebelde cujo único interesse era alertar a humanidade para a urgente necessidade de descobrir um novo modo de viver. Continuar como antes é ameaçar nossa própria sobrevivência neste planeta belo e único.

A questão essencial de Osho é que ao mudarmos um indivíduo de cada vez, o resultado de todos os nossos "eus" – nossas sociedades, culturas, crenças, nosso mundo – também mudarão. E a porta para essa mudança é a meditação.

O cientista Osho experimentou e examinou todas as abordagens do passado, analisou seu efeito sobre o ser humano moderno e respondeu às suas deficiências criando um novo ponto de partida para a mente hiperativa do século XXI: OSHO Active Meditations®, as meditações ativas de Osho.

Quando a agitação da vida moderna começa a se acomodar, a "atividade" pode se desfazer em "passividade", um ponto de partida fundamental para a meditação. Em apoio a esse próximo passo, Osho transformou a antiga "arte de escutar" numa metodologia contemporânea sutil: OSHO Talks, as falas de Osho. Nelas, as palavras se tornam música, o ouvinte descobre quem está escutando e a consciência se desloca do que é ouvido para o indivíduo que escuta. Magicamente, conforme surge o silêncio, o que precisa ser ouvido é entendido diretamente, livre das distrações de uma mente que só sabe interromper esse processo delicado e interferir nele.

Essas milhares de falas tratam de tudo: da busca individual por significado às questões sociais e políticas mais urgentes que a sociedade enfrenta hoje. Os livros de Osho não são escritos, e sim transcritos de gravações em áudio e vídeo, de falas feitas de improviso a plateias de várias nacionalidades. Como ele diz: "Lembrem-se de que o que estou dizendo não é só para vocês... Estou falando também para as futuras gerações."

Osho foi descrito pelo *The Sunday Times* de Londres como um dos "Mil realizadores do século XX" e pelo escritor americano Tom Robbins como "o homem mais perigoso desde Jesus Cristo". O jornal indiano *Sunday Mid-Day* selecionou Osho – ao lado de Gandhi, Nehru e Buda – como uma das dez pessoas que mudaram o destino da Índia.

Sobre seu próprio trabalho, Osho disse que queria ajudar a criar condições para o nascimento de um novo tipo de ser humano. Ele costumava caracterizar esse novo ser humano como "Zorba, o Buda" – capaz de desfrutar tanto dos prazeres terrenos de um Zorba, o Grego, quanto da serenidade silenciosa de um Gautama, o Buda.

Atravessando todos os aspectos das falas e meditações de Osho, corre como um fio uma visão que abrange tanto a sabedoria atemporal de todas as eras passadas quanto o mais alto potencial da ciência e da tecnologia de hoje (e de amanhã).

Osho é conhecido por sua contribuição revolucionária à ciência da transformação íntima, com uma abordagem da meditação que reconhece o ritmo acelerado da vida contemporânea. Suas exclusivas OSHO Active Meditations®, as meditações ativas de Osho, foram concebidas para, em primeiro lugar, liberar o estresse acumulado no corpo e na mente, trazendo ao cotidiano uma experiência de imobilidade e relaxamento.

Estão disponíveis duas obras autobiográficas do autor:
Autobiografia de um místico espiritualmente incorreto. São Paulo: Planeta, 2016.
Glimpses of a Golden Childhood, OSHO Media International, Puna, Índia.

Recursos on-line:
INTERNET . . . . osho.com
OSHO ACTIVE MEDITATIONS® . . . . osho.com/meditate
YOUTUBE . . . . youtube.com/oshoInternational
INSTAGRAM . . . . .instagram.com/oshointernational
REVISTA . . . . oshotimes.com
FACEBOOK . . . . .facebook.com/osho.international
TWITTER . . . . twitter.com/osho
CENTRO DE MEDITAÇÃO . . . . .osho.com/visit

Localizado em Puna, na Índia, 160 km a sudeste de Mumbai, o OSHO International Meditation Resort é um destino turístico com uma diferença: está espalhado em onze hectares de espetaculares jardins zen e tem programas de meditação 24 horas em todos os dias do ano, como as OSHO Active Meditations®, além de programas de transformação pessoal, todos baseados em consciência, relaxamento, comemoração e criatividade. Todo ano, pessoas de mais de cem países visitam o centro de meditação.

CONHEÇA OUTROS TÍTULOS DO AUTOR

Aprendendo a silenciar a mente

Um curso de meditação

Seu corpo, sua casa

Para saber mais sobre os títulos e autores da Editora Sextante,
visite o nosso site e siga as nossas redes sociais.
Além de informações sobre os próximos lançamentos,
você terá acesso a conteúdos exclusivos
e poderá participar de promoções e sorteios.

sextante.com.br